特定非営利活動法人
北九州市の文化財を守る会編

北九州
歴史散歩
［豊前編］

門司・小倉北・小倉南区の
58エリア

海鳥社

北九州歴史散歩［豊前編］　目次　Contents

北九州市（豊前地区）のあゆみ　6

I
門司区

1　古城山に残る戦いの跡　12
2　小倉藩唯一の遊女屋があった田野浦　16
3　抱えて願う地蔵様　20
4　門司港レトロのシンボル・門司港駅　22
5　国際港湾都市の繁栄を伝える建物群　26
6　まぼろしの運河・門司運河　29
7　小森江浄水場と矢筈山堡塁跡　30
8　豊前大里宿と藩主別荘跡にある西生寺　32
9　鈴木商店の夢の痕跡　34
10　安徳天皇・明治天皇ゆかりの地　36
11　霊峰・戸ノ上山に抱かれた社寺　38
12　部埼灯台と清虚の焚火　40
13　ひとりの元庄屋が開いた広大な新田　42
14　石灰石採掘で繁栄した恒見村の面影　44
［コラム］明石与次兵衛の塔と門司ロープウェイ　15
　　　　　門司市と東郷村をつないだ隧道　19

II 小倉北区

1. 宮本武蔵と宮本伊織　48
2. 明治時代の要塞地帯　50
3. 長州戦争の激戦地・鳥越峠　52
4. 富野堡塁とメモリアルクロス　54
5. 小笠原家の菩提寺・福聚寺と周辺の寺院　56
6. 妙見宮の総本宮　60
7. 足立山系に残る軍事施設　64
8. 天神島はその名の通り小島だった　66
9. 香春街道の出発点・香春口　68
10. 都会に残る江戸時代の道と古代の条里　70
11. 全国第4位の大きさを誇る小倉城天守　74
12. 市役所北側敷地にあるモザイク画の謎　78
13. 常盤橋と長崎街道　82
14. 小倉城裏鬼門の長崎街道を歩く　84
15. 板櫃川付け替えの痕跡　86
16. 極楽橋はもともと地獄橋だった　88
17. 国境の丘にあった小倉の文化サロン　90
18. 赤煉瓦倉庫群が眠る馬島　92
19. 史跡の宝庫・藍島　94

[コラム] 水かけ地蔵　53
　　　　 小倉の夏の風物詩・小文字焼き　63
　　　　 小倉裏線と足立停車場　73
　　　　 森鷗外旧居　77

III 小倉南区

1. 高蔵山堡塁と軍用道路　102
2. 砂と海水で築かれた希少な古墳　104
3. 大潮時にだけ現れる道を伝って間島へ　106
4. 景行天皇伝説の巨石　108
5. 阿蘇山大爆発で飛んできた大岩　110
6. 曽根の在地豪族2代の墓　113
7. 貫荘の繁栄とその痕跡　114
8. 貫山に残る祈りの風景　116
9. 北方に点在する旧陸軍遺構　120
10. 農村風景が色濃く残る街　122
11. 70mにわたり連なる謎の塚　124
12. 谷あいに祀られた安徳天皇の御陵　128
13. 国内最大規模の畝状空堀群──長野城　130
14. 神社の参道脇に露出した古代の石室　134
15. 大興善寺から蒲生八幡神社へ　136
16. 市内屈指の歴史的町並み　140
17. 神社に掲げられた飛行機のプロペラ　142
18. 横たわる巨岩の正体とは　145
19. 谷を挟んで対峙する長野と毛利の城　146
20. 護聖寺とバチ笠地蔵　148
21. 昭和初期の隧道と中世の城館跡　150
22. 井手浦のヤマタノオロチ伝説　154

- 23 新旧4本のトンネルが貫く金辺峠　156
- 24 道原貯水池とます渕ダム　160
- 25 日本有数のカルスト台地・平尾台　164
- [コラム]「志井」の由来となった4つの井戸　127
  - 長野角屋敷遺跡出土の木簡　133
  - 呼野駅の加速線跡　159

参考文献一覧　167

■本書について

- 収録写真は注記のあるものを除き、北九州市の文化財を守る会会員の提供によるものです。
- 城の縄張図は注記のあるものを除き、福岡県文化財調査報告書第254集『福岡県の中近世城館跡Ⅲ　豊前地域編』(福岡県教育委員会、2016年)より転載させていただきました。
- 各区の扉頁に略地図を掲載していますが、現地を歩く際には、より詳細な地図を携行されることをお勧めします。
- 山城跡を探訪する際は、倒木などで足元が悪い所も多いので注意しましょう。また、携帯電話の電波が届かない場所もありますので、複数人での登城をお勧めします。時季は草が少なく蛇の出ない冬場が最適です。
- 海岸を歩く時には、海藻などを踏んでも滑りにくい靴を選びましょう。

北九州市（豊前地区）のあゆみ

原始
古代

　昔、大分県の宇佐から北九州市の門司・小倉までを豊前と呼んでいましたが、もともとは豊国といわれていました。豊国直らの祖・菟名手が国を治めていた時、仲津郡中臣村に白鳥が飛来して餅となり、朝廷に瑞祥が現れたことを奏上し、景行天皇より豊国を賜ったと伝えられています。

　豊国はその後、7世紀末頃に豊前国、豊後国に分かれます。

　そのうち北九州市域は、この豊前国の企救郡（規矩郡）にあたります。『日本書紀』雄略天皇18年8月10日の条には、筑紫聞物部大斧手が物部目連とともに、乱暴を働く伊勢の朝日郎の討伐に行ったと記されています。ヤマト王権の中央豪族の物部目連と同族であり親密な関係にあったものと思われます。現在、筑紫聞物部大斧手の墓は小倉南区曽根の茶毘志山古墳（5世紀後半）に比定されています。

　さらに『日本書紀』安閑天皇2年の条には大抜屯倉の設置記事があり、小倉南区貫に比定されています。屯倉はヤマト王権の地方の出張所に

あたり、大抜屯倉は倉庫群に保管されている米や武器・甲冑を管理していたと考えられています。ヤマト王権の中でも軍事氏族の物部氏と親密な関係にあり、軍事的な前線基地がこの貫に置かれていたと見られます。

　また、企救郡には長野郷と蒲生郷(がもう)の2つの郷があります。一般的にはひとつの郡に5～6つの郷があったとされていますが、到津(いとうづ)は長野郷に入っており、現在の門司区である企救半島もおそらく長野郷に入っていたと考えられ、企救郡は長野郷と蒲生郷の2つだけであった可能性が高いと思われます。

中世

　武家政権が始まる平安時代後期の豊前地区は平家方に属していましたが、治承(じしょう)・寿永(じゅえい)の乱（源平合戦）後は源氏方に寝返り、鎌倉幕府の鎮西(ちんぜい)御家人となり地頭に補任された長野氏や、北条氏領の代官として送り込まれた門司氏などが知られています。しかし、その実態は確かではありません。

　鎌倉幕府滅亡後、後醍醐(ごだいご)天皇の建武の新政、室町(すおう)幕府の開府、そして南北朝の動乱へと続く中で、周防守護職であった大内氏は豊前に勢力を伸ばし、後に豊前国守護に任じられています。天文20（1551）年、大内義隆(よしたか)が死去すると、豊後の大友氏が豊前地区に影響力を及ぼすようになり、大内氏を滅ぼした毛利氏と豊前の覇権を巡って度々戦いを繰り返しています。

　このように、関門海峡と九州の喉元(のどもと)である豊前国の北九州市域を巡って、時の権力者による覇権争いが数百年間にわたって行われていました。そのため、地頭の所在地や街道の要所などに約60の山城が築かれていますが、戦さによる寺社の焼き討ちや乱妨(らんぼう)どりなどが行われ、市内には記録がほとんど残っておらず、その実態はわかっていません。

近世

　関ヶ原合戦後の慶長5（1600）年、細川氏が丹後から入国し中津城を拠点としました。その後、関門海峡及び筑前・中津・田川へ至る3つの街道の分岐点であった小倉を最要衝の地として、毛利勝信が築いた小倉城を大規模に改築しました。慶長7年に鍬入れを行い、紫川河口を中心に東に人工の濠（現在の砂津川）を開削して東曲輪、西に板櫃川とその湿地帯を活用した西曲輪と帯曲輪、そして北側は玄界灘と、海と濠に囲まれた総曲輪の城を完成させました。

　その後、細川氏は加藤氏の改易に伴い熊本藩へ移封となり、後には播磨国より小笠原氏が西国譜代大名の筆頭として入部して幕末まで豊前の国を治め、九州の玄関口を抑えました。

　幕末の慶応元（1865）年、第2次長州戦争において、長州藩は門司区田野浦に上陸し大里、赤坂と攻め上ってきたため、小倉藩は総督・小笠原長行の指揮下で防戦に努めていたところ、将軍・家茂が大坂城で死去します。この報せを聞いた小笠原長行は事態を収拾することなく戦線を離脱し、他の九州諸藩も撤兵しました。孤立した小倉藩は、慶応2年8月1日、小倉城に火を放ち、雨の中を田川郡香春に撤退。その後、二度と小倉城と企救郡を奪還することはできませんでした。また、城下の住民もわずかな貴重品を抱え、知己を頼って城下町を逃れたため、香春街道、長崎街道、中津街道は大混雑したといわれています。

近代現代

　明治4（1871）年、廃藩置県に備えて日本陸軍最初の部隊である鎮台のひとつ西海道鎮台が小倉に置かれます。その後、歩兵第14連隊が設置され、第12師団司令部が小倉城本丸に開庁するなど、軍都・小倉の基礎が作られました。そして昭和に入ると、小倉城三の丸に西日本最大級の小倉陸軍造兵廠が設置され、アメリカ軍の第2回目の原子爆弾投下目標とされました。また、清国の海軍の脅威に晒さ

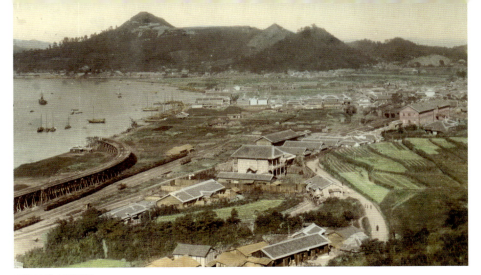

明治時代の門司港
（個人蔵）

れていた日本は、主要な海峡のひとつである関門海峡を防御するため、明治20年に門司・小倉・下関で下関要塞の築造を秘密裏に開始していました。

　その頃の門司は、大里宿の他は塩田の広がる漁村でした。明治22年に渋沢栄一らによって港が整備されて石炭などの特別輸出港となり、同24年には九州鉄道が開通することによって石炭の集積が加速し、29年には日本一の石炭輸出港となりました。また、同年に製鉄所の官営設置が決まると、実業家・浅野総一郎は大里の土地2万坪を無代献納（むだいけんのう）するとして候補地に名乗りをあげましたが、八幡村に誘致運動で負けてしまいました。しかし、大里を一大工業地帯にする夢は、明治36年に神戸の鈴木商店が大里製糖所を設立以後、大里製粉所、帝国麦酒、神戸製鋼所などを次々に設立して鈴木コンツェルンを形成することにより実現されました。

　そして昭和38（1963）年2月、豊前地区の門司市と小倉市は、筑前地区の若松市・八幡市・戸畑市と世界でも例のない5市対等合併を行い、北九州市が発足しました。この新市誕生に至るまで、大正14（1925）年の門司市と下関市が合併する関門県設置提議から、昭和9・18・22・35年と5度の合併協議が行われました。また新市名は全国公募され、1番は西京市でしたが、2番目の北九州市に決定しました。

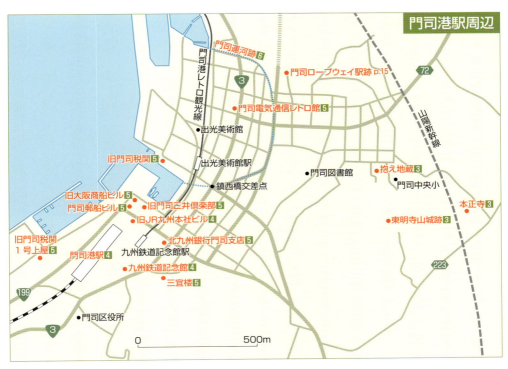

門司港駅周辺

門司駅周辺

関門海峡を望む山頂には、記念碑と歌碑が設置されている。門司城は門司関山城、亀城とも呼ばれる

右上：門司城の本丸跡と石垣
右下：標高約70mの山腹に、細川忠興が支城を築く際に設置した城門の跡が残る

1 古城山に残る戦いの跡

　標高175.2mの古城山は、都を追われた平知盛が源氏との一戦に備えて長門国（現山口県西部）目代・紀井通資に築城させたのが始まりと伝えられている門司城の跡です。
　平家滅亡後の寛元2（1244）年、鎌倉幕府は下総前司親房を平家残党鎮圧の下知奉行として豊前国の代官職に任じ、関門の交通権掌握と、規矩郡のうち片野郷・柳郷・楠原郷などの門司六ヶ郷と筑前国香椎院内などを領させました。また、親房の子孫は、地名により門司氏を称し、門司城を本城に領内に足立・吉志・若王子・三角山・金山の5支城を構え、その後長きにわたって企救半島を治めました。
　室町時代の末、企救半島は豊後大友氏と大内氏、大内氏滅亡後は毛利氏が争奪するところとなり、門司城はその渦中に置かれました。特に大友氏と毛利氏による、永禄の門司城合戦は壮絶を極めたと

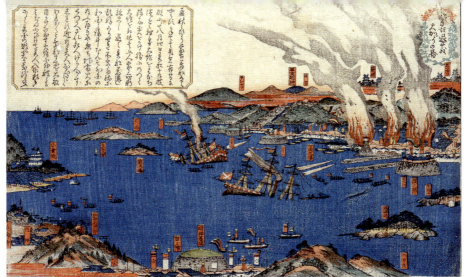

上:「蒙古退散大かがりの図」。四国連合艦隊下関砲撃事件を蒙古襲来になぞらえて描いたもの(山口県立山口博物館蔵)

左:唐人墓。石碑にはフランス語で「1864年9月5、6日 下関の戦いにおけるセミラミオ号とデュプレックス号の戦死者であるフランス水兵を記念して彼らのために冥福を祈る」と刻まれている
上:長州砲のレプリカ(下関市・みもすそ川公園)

『後太平記』に記されています。その後も門司城は、城主が入れ替わりながら存続したものの、慶長20(1615)年、約400年に及ぶその歴史を閉じました。

時代は下って幕末の文久3(1863)年、長州藩攘夷派が門司の田野浦沖に停泊していたアメリカ商船を襲撃、フランス軍艦やオランダ軍艦を砲撃しました。これに対する報復として米・仏が関門海峡に入り、長州藩砲台や軍艦を攻撃。翌年の元治元(1864)年に米・英・仏・蘭の四国が連合艦隊を結成。再び関門海峡の長州藩砲台を攻撃、兵士も上陸させ砲台を壊滅させました。この四国連合艦隊下関砲撃事件は「下関戦争」「馬関戦争」などとも呼ばれています。

戦後の和布刈砲台。和布刈砲台は海峡に侵入した艦船の舷側(側面)を攻撃するため、隠顕砲として24cmカノン砲を2門装備していた(『港と歩んだ70年』〔門司市、1959年〕より)

古城山砲台跡。上は山頂の観測所。左は中腹の堡塁跡に残る赤煉瓦倉庫

　この戦いでの戦死者は門司の大久保海岸一帯に埋葬されました。フランス軍の戦死者も大久保海岸に埋葬されていましたが、明治28(1895)年、フランス人宣教師のビリオン神父が現在の慰霊碑(唐人墓)を建てました。その後、何度か建立地が替わり、現在は和布刈公園の一角に建っています。

　和布刈には明治期、砲台も設けられました。和布刈砲台は、手向山砲台(小倉北区)などからの砲撃を逃れて侵入した艦船に対して最後の攻撃を行うため、関門海峡の一番狭い和布刈の場所に、日清戦争直前の明治26年に起工、明治28年に竣工しました。当時のものは何も残っておらず、有志が建てた石碑のみが当時を偲ばせます。

　もうひとつの古城山砲台は、周防灘制圧を目的に明治23年6月に竣工しました。古城山の中腹から山頂にかけて観測所や砲台、そして堡塁を配備し、砲台には24cm臼砲を計12門設置していました。砲座が並んでいた旧めかり山荘前広場は埋め立てられ、現在は石碑が建っています。

Column

明石与次兵衛の塔と門司ロープウェイ

明石与次兵衛の塔

文禄元（1592）年、朝鮮出兵のため肥前名護屋城にいた豊臣秀吉のもとに母・大政所の急病の知らせが届きました。急遽、大坂城へ戻ることになった秀吉の船は、関門海峡最大の難所「篠瀬（しのせ）」で座礁しました。難は逃れた秀吉でしたが、船奉行であった明石与次兵衛は責任を負い、大里の浜に上陸後、割腹し果てました。

慶長5（1600）年、豊前国に入封した細川忠興は与次兵衛の死を悼むとともに、往来する船舶の安全のため篠瀬に「与次兵衛塔」を建て示標としました。大正年間（1912～26）は海峡改良工事のため運輸省第四港湾建設局（下関市）構内に移設、第2次大戦中は戦災を避けるためか海中に沈められていました。戦後、門司郷土会をはじめ有志の方々が海中より引き揚げ、昭和30（1955）年に海難守護神として和布刈公園に再建。昭和47年、関門橋建設に伴い現在の場所に移設されました。

シーボルト『NIPPON』に描かれた与次兵衛の塔（福岡県立図書館蔵）。現在のものと形が異なるのは再建を経たためであろうか

門司ロープウェイ

昭和33（1958）年3月、関門トンネル入口と古城山山頂を結ぶ全長101mのロープウェイが営業を開始しました。6人乗りの小さな客車は麓を出発し約6分で山頂に到着。観光客は世界平和パゴダへの参拝や関門の景色を眺めるなど和布刈公園山頂の散策を楽しんだそうです。営業開始からわずか6年後の昭和39年1月、営業終了となりました。現在跡地は駐車場になっています。左の写真は昭和35年頃のもの（『北九州思い出写真館』〔北九州市住まい・生活展実行委員会、北九州都市協会、1993年〕より）

往時の面影を残す田野浦の町並み

2 小倉藩唯一の遊女屋があった田野浦

　田野浦は古来より交通の要衝で、海峡を挟んでその争奪戦が幾度も繰り返されました。源平合戦で名高い壇ノ浦の戦いや、幕末の四国連合艦隊による下関砲撃事件の舞台は田野浦沖であり、その古戦場の跡は聖山(ひじり)から一望できます。また幕末の小倉藩と長州との戦争で戦端が開かれた場所も田野浦です。田野浦は、武家政治の始まりと崩壊の目撃者なのです。

　田野浦が脚光を浴びるようになったのは、江戸時代前期、西廻り航路が開発され、北前船の寄港地になってからのことです。航路の開発により上方と直結した田野浦は、天明年間（1782〜89）には大いに賑わいを見せ、小倉藩唯一の遊女屋ができ、酒造高は企救郡最大であったといわれています。しかし、明治になり物流の主役は鉄道と大型船舶に替わり、繁栄の中心は次第に門司へ移っていきました。

　田野浦は幕末の長州戦争でほぼ全焼してしまいましたが、明治以降に再建された街並みは今もその姿を静かに残しています。

聖山。山頂は公園として整備されており、壇ノ浦を一望できる。上は山頂に祀られた石仏

春日神社。社殿は無残に崩壊してしまっている。右は正徳3（1713）年建立の鳥居

　田野浦の氏神は春日神社ですが、創建は定かではありません。享保年間の鳥居、安政年間、文久年間の石灯籠が残っていますが、社殿は倒壊し、その落魄（らくはく）ぶりは耐え難いものです。しかし残された立派な石垣は大正時代に築かれたもので、石垣を築いた職人も田野浦の住民であることを示す銘板があることから、往時の繁栄とそれを支えた職人の姿が窺えます。

　田野浦にはその他、淡島社と住吉神社があります。淡島社は明治13（1880）年に聖山より遷宮しました。昔は遊女がよくお参りをしていたといわれています。

住吉神社

住吉神社は天保9（1838）年に楠原村より遷宮したもので、航海の安全を祈念したといいます。

Ⅰ──門司区

上：真楽寺。右は宝暦12年に遭難した佐賀藩船の溺死者を祀った慰霊碑

栄門司屋の敷地内にあった聖山天満宮の鳥居。文政5（1822）年の銘がある

　由緒ある寺として真楽寺があります。源平合戦で平家が滅亡したのち、生き残った女官が尼になり、聖山に小さな草庵を結び平家一門を弔ったことがその端緒であると伝えられています。この寺には田野浦の豪商・三原屋の墓や、宝暦12（1762）年に田野浦沖で遭難した佐賀藩船の溺死者を弔うため建てられた慰霊碑があります。

　真楽寺の横にはかつて田野浦で栄えた遊女屋・栄門司屋の遊女の墓がありましたが、現在は庄司町にある地蔵寺に移設されています。

　栄門司屋は真楽寺の北約20mの所にありました。敷地内には大きな池を配した庭園があり、その奥には聖山天満宮を祀り、遊女の信仰が篤かったと伝えられていますが、今は土砂災害で半分埋もれたままの鳥居だけが残っています。

Column

門司市と東郷村をつないだ隧道

旧桜隧道。今も生活道路として利用されている

　長谷口バス停から脇道にそれる坂道を登ると旧桜隧道（さくらずいどう）があります。この隧道は大正3（1914）年に開通しました。

　この隧道ができる以前は坂が続く峠道がありました。15世紀の大内氏が豊前を支配していた時代、この峠は「上往還」と呼ばれ、豊後街道の一部として重要な峠だったといわれています。しかし、近代に入ると、この峻険な峠に往来を阻まれ、門司市と東郷村の交通は困難を極めました。幕末の長州と小倉藩との戦争で、田野浦で敗戦した小倉藩がこの峠を越えて退却したのは、敵兵に追いつかれないようにするためだったのかもしれません。たとえ歩兵だけだとしても、退却はかなりの困難が伴ったことは想像に難くないからです。

　それほど峻険な所ですが、この峠からの景色は門司の絶景のひとつに数えられています。峠には猿田彦大神が祀られ、歴史的資料に乏しいこの地区では貴重な場所といえるでしょう。ここで詠まれた発句に、

　夏山や峠の茶屋に馬休む
　赤土の道見ゆ山の茂り哉　　暁門

の2句があり、猿田彦大神とともに往時を知る貴重な文化遺産といえます。

　この隧道の開通により門司市と東郷村の交通は飛躍的に向上し、門司市と東郷村の合併を促進しました。

右：峠に祀られた猿田彦大神／下：片側2車線の（現）桜隧道（左）と新桜トンネル

抱え地蔵の御堂

3 抱えて願う地蔵様

　門司中央小学校の西側に地蔵堂があります。この地蔵尊は以前は近くの東明寺にありましたが、大正10（1921）年にこの地に移設されました。願い事を思いながら地蔵尊を抱え上げ、軽々と持ち上がればそれが叶うとのことから「抱え地蔵」と呼ばれています。また、地蔵尊が持ち上がらない時は、日を限って願掛けをしたことから「日切地蔵」とも呼ばれているそうです。地蔵堂の横には明治41（1908）年、この周辺を開削した時に出土した五輪塔が大切に祀られています。

　現在は龍門町公園となっている標高112mの東明寺山山頂には、東明寺山城（別称・東明寺城）がありました。永禄年間（1558〜70）、豊後大友氏に対抗するために大内氏が築城し、門司城主の仁保常陸介を置いたと伝わる城です。公園造成時に整備されて地形は大きく改変していますが、曲輪と見られる城郭遺構をわずかながら確認することができます。

　東明寺山の東麓には本正寺（日蓮宗）があります。明治38年に小倉北区鍛冶町の真浄寺の住職・本田正達を招いて日蓮宗祈禱結社教会を開創し、明治45年に現在地へ移りました。その後、大正5（1916）年に山梨県南巨摩郡本建村・本正寺の寺号を移しました。本尊は十界曼荼羅です。また、境内には地神・白蛇大神を祀る祠があります。

地蔵堂の横に祀られた五輪塔

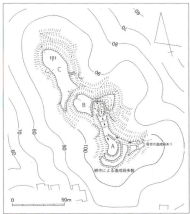

左上：東明寺山城の縄張図。山頂部を中心に、3〜4段の階段状に造成された曲輪が残っている
右上：庄司町から見た、緑の森となっている山頂部
左：東明寺山城の本丸跡

右：本正寺本堂
左下：本正寺本堂の裏手に建つ三剣神社の鳥居
右下：白蛇大神を祀る祠

上：門司港駅舎。昭和63年に駅舎としては全国で初めて国の重要文化財に指定され、平成19年近代化産業遺産に認定。平成24年から駅舎保存修理工事が始まり、平成31年3月にグランドオープンした
右：改修後の旧貴賓室。紫色の壁紙は当時のものを再現している

4 門司港レトロのシンボル・門司港駅

　九州に鉄道を作るという動きは、主に燃料に用いられていたエネルギー源の石炭を運ぶ目的で、明治中期から何度か持ち上がっていました。明治21（1888）年に設立された九州鉄道会社は門司から熊本・三角港までを結ぶ都市間鉄道を計画し、本社を門司に置くことを決定、明治24年に門司から熊本まで県をまたぐ鉄道線を開通させました。

　現在の門司港駅は、関門海峡を渡る人の往来が活発になったことを背景に移転計画が持ち上がり、連絡船との利便性を高めるため、海際寄りの現在の位置に移転しました。以前の駅舎と同じくターミナルタイプの駅舎でしたが、構内に桟橋も備えていました。

左上：明治24年4月1日に開業した初代門司駅（明治期、絵葉書。個人蔵）
左下：大正3（1914）年に現在の場所に移転、2月1日より営業を開始した2代目駅舎。関門鉄道トンネルの開通により昭和17年に門司港駅と改称した（大正末期、絵葉書。個人蔵）

門司港駅すぐ近くの道路沿いにある「九軌用地」杭

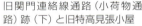

旧関門連絡線通路（小荷物通路）跡（下）と旧特高見張小屋

　一方、北九州の各都市を結ぶ九州電気軌道の路面電車は、明治44年に開通しましたが、傾斜地の多い門司市における路面電車の開通は困難を伴い、狭い道幅に電車を通すため家屋223戸が買収・移転されたことは意外に知られていません。その痕跡を示す用地杭が現存しています。
　戦時中においても関門海峡、そして門司港の戦略的重要性は変わることはなく、海峡を往復する人々の中にもスパイが潜伏しているのではないかという危機感から、関門連絡線地下通路の一角に特別高等警察による見張り所が作られました。これは現在でも見ることができます。
　昭和17（1942）年の関門鉄道トンネル開通に伴い名称は門司港駅と変わり、利

門司港駅の旧駅長室
（平成24年8月撮影）

下：修理工事中の門司港駅
内部（平成28年7月撮影）

門司港駅3番ホーム。機回し用のホームとして使用されていたため、ここでは一般客の乗降は行われなかった。基礎部は鉱滓煉瓦で造られている

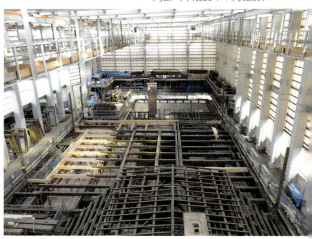

左：鹿児島本線の基点を示す0キロポスト
上：昭和47年、日本の鉄道開業100年を記念
して駅構内に建てられた0哩（マイル）標

上左：旧九州鉄道本社（九州鉄道記念館）。もともとは写真の国道3号線側に玄関があった。現在は裏側が九州鉄道記念館の入口になっている
上右：旧九州鉄道本社の腰蛇腹に貼り付けられた矢筈積みの赤煉瓦
右：かつてのJR九州北九州本社ビル（旧三井物産門司支店）

用客は減ったものの、ターミナルとしての象徴的な姿と木造建築としての希少性が評価され、昭和63年に国の重要文化財に指定されました。

　門司港駅周辺には、鉄道の運行に関連した施設が多く現存しており、文化財などの登録・認定対象にもなっています。

　現在九州鉄道記念館として地域の鉄道発展の歴史を伝える赤煉瓦造の建物は、明治24年に建てられた九州鉄道本社の社屋でした。現在の入口は鉄道関係社員向けの裏口に相当し、もともとは国道3号線側に玄関を設けていましたが、度重なる国道の拡幅に伴い、国道側の入口は使用されなくなりました。建物の特徴として、明治中期まで使用されたフランドル積み（通称・フランス積み）で煉瓦を積んでいること、写真のように腰蛇腹部分に矢筈積みが飾られていることがあげられます。設立当初は博多に本社を設けた九州鉄道が、本格的な社屋を門司に建設するにあたっての意気込みのようなものを今に伝えます。

　門司は鉄道の要衝として、鉄道国有化の後も長く九州全域の運行管理を統括する部署が設けられ、平成13（2001）年にJR九州北九州本社が福岡本社に統合されるまで、九州の公共交通の中枢機能を担ってきました。かつての北九州本社の建物は、昭和12年に旧三井物産門司支店として建てられたものです。現在、その歴史的な価値が評価され、ギャラリーなどの複合施設として一部が活用されています。

旧門司税関。大正元年に竣工した2代目庁舎

5 国際港湾都市の繁栄を伝える建物群

旧門司税関1号上屋（昭和4年竣工）。鉄筋コンクリート造の2階建てで1階が検査場、2階が待合室だった。北九州・門司港の国際ターミナルとして機能した

　20世紀に入ると、門司港での輸出の中心は石炭から製糖・製粉など多種多様になってきたため、関税を取り扱う部局として門司税関が明治42（1909）年に独立設置されました。現在も残る煉瓦造の旧庁舎は、当初造られた建物が火災で焼失したため、大正元（1912）年に竣工したものです。

　門司港は横浜・神戸・敦賀（つるが）と並ぶ第一種港湾に位置づけられ、税関設置の翌明治43年から18年間にわたる港湾拡張計画が実施されました。これに基づいて造られた建物が現在「大連航路上屋（うわや）」という通称で知ら

上：旧大阪商船ビル（大正6年竣工）。八角形の塔屋が特徴的／右：旧門司三井倶楽部（大正10年竣工）。三井物産の宿泊施設・社交倶楽部として建てられ、大正11年にはアインシュタインも宿泊した／右下：門司郵船ビル（旧日本郵船門司支店。昭和2年竣工）。アメリカ式のオフィスビルで、エレベーターなど当時の最新設備を備えていた

れる門司税関1号上屋で、外国航路船の停泊が可能な岸壁を備えた最新施設として昭和4（1929）年に竣工しました。

　門司港の国際化とともに下関から移転した銀行が横浜正金銀行で、現存する建物は昭和9年に竣工しました。海外に多くの支店を持つ国際的金融機関であった横浜正金銀行の伝統は戦後の東京銀行、そして現在は三菱UFJ銀行に引き継がれており、建物自体は現在北九州銀行門司港支店が引き継いでいます。

左：北九州銀行門司支店（旧横浜正金銀行門司支店。昭和9年竣工）。九州の金融の中心地でもあった門司には多くの銀行の支店や営業所が置かれていた

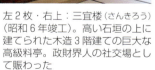

左2枚・右上：三宜楼（さんきろう）（昭和6年竣工）。高い石垣の上に建てられた木造3階建ての巨大な高級料亭。政財界人の社交場として賑わった

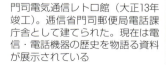

門司電気通信レトロ館（大正13年竣工）。逓信省門司郵便局電話課庁舎として建てられた。現在は電信・電話機器の歴史を物語る資料が展示されている

左：鎮西橋親柱／右：水道工事の際に掘り出されたかつての門司運河

6 まぼろしの運河・門司運河

　北九州の動脈・国道3号線の門司港中心部に、橋もないのに「鎮西橋」という名の交差点と公園があります。この名称は、かつて交差点周辺にあった門司運河の痕跡の一部なのです。

　門司運河は、明治22（1889）年より始まった門司港の港湾整備時に、現在観光利用されている第1船溜とその北側にある第2船溜とを結ぶ水路として計画され、明治32年までの間に完成しました。

　門司港は築港開始と同時に特別輸出港に指定されたため、日清戦争前には3000人もの石炭仲仕が働くようになりました。当時の地図を見ると、鎮西橋交差点から現在の関門国道トンネルの入口までの部分が水路だとわかります。物流に活躍した運河も次第に利用されなくなり、悪臭を放つどぶ川となったため、戦前には暗渠化されています。

門司運河（明治30年代、絵葉書。個人蔵）

上：小森江貯水池。煉瓦造の取水塔が残る
左：建設中の小森江浄水場（明治43年10月、門司市編『門司水道記念写真帖』〔1912年〕より）
下：堰堤の下にある水門跡

7 小森江浄水場と矢筈山堡塁跡

　小森江（こもりえ）は下関への渡しもあり立地的にも便利で繁盛した町であったようです。ここ小森江は小説家・林芙美子の出生地という説があります。現在は神鋼メタルプロダクツの敷地内になっていますが、明治時代、この辺りには商店や宅地が広がっていました。林芙美子は、この一角のブリキ屋で誕生したというのです。風（かざ）師登山道小森江口から少し登った所、旧小森江浄水場敷地内に林芙美子文学碑が建っています。

　小森江浄水場は明治44（1911）年に建設されました。福智・頂吉（かぐめよし）・松ヶ江の3貯水池から導水し、1日最大4万6000㎥の水を浄化していましたが、浄水場の統廃合により昭和48（1973）年

林芙美子文学碑（左）と、そのそばにある俳人・川端京子の句碑

矢筈山堡塁の砲台座跡（上）と倉庫跡

に廃止されました。現在は煉瓦造の沈澱池などの浄水施設が残っています。また、貯水池跡には、未来を担う子供たちが緑豊かな環境の中で健やかに成長することを願い進められた平成記念子供のもり公園整備事業のひとつとして、小森江子供のもり公園が平成13年に開園しました。

登山道を登って矢筈山山頂に至ると、矢筈山堡塁跡があります。明治20年代、陸軍省は国内防衛のため沿岸の重要拠点に砲台を築くことを計画しました。そして関門海峡一帯にも砲台と堡塁が築かれ、下関・門司一帯は要塞地帯として写真撮影やスケッチなどが制限されていました。

第2次世界大戦後、堡塁は解放され、昭和46年に矢筈山キャンプ場が開場しました。堡塁跡には砲座と倉庫などが残っており、キャンプ場に活用されているものもあります。キャンプ道具は無料で貸りられる（薪は実費）ため、食物だけを持って行けば手軽にキャンプができます（要事前申込）。キャンプ場から眺める関門海峡は絶景です。

小森江はかつて古墳が発掘され、銅鏡や刀が発見されるなど、門司より古い歴史が刻まれています。

大里宿から小倉へと向かう門司往還沿いにそびえる松（樹齢推定400年）

8 豊前大里宿と藩主別荘跡にある西生寺

明治末期頃の大里宿入口（大里文化会蔵）

豊前大里の地は、本州から船で九州に渡る際の港町として栄えており、久留米藩の米蔵もありました。行き交う人も多いことから、宿場内の西生寺ではキリスト教信者を取り締まるための踏み絵も行われており、旅人たちの身分改めがここでも行われていました。

西生寺は康正2（1456年）年、等阿弥陀慧門大和尚が創建した浄土宗西山派の寺で、江戸時代初期（1670年代）まで大里宿場内の祇園社（現在の八坂神社）前にありましたが、小笠原藩2代藩主・忠雄の命により、細川忠利のお茶屋敷・浜御殿があったこの地に移転しました。慶応2（1866）年の長州戦争で本堂及び堂宇の一切を焼失し、明治16（1883）年に

西生寺山門。西生寺は江戸時代、キリシタンの取り締まりを行う判行寺(踏絵寺)に指定され、毎年3月に踏み絵が行われていた

福間元明の碑(上)と久留米藩士の墓

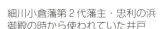

細川小倉藩第2代藩主・忠利の浜御殿の時から使われていた井戸

再建されています。また、境内には、浜御殿時代の古井戸、大里の浜で戦死した毛利家家臣・福間元明(もとあき)の碑、久留米藩士の墓などがあります。

福間元明は、毛利元就のお側元に勤め、尼子(あまご)氏の勇将・山中鹿之助を討ち取ったことで有名です。天正14(1586)年、豊臣秀吉の九州平定に参加し、大里の浜で戦死。遺体は大里の浜に葬られ、松を植えて標としていましたが、文化3(1806)年、元明の子孫にあたる福間政方はその武勲を表すため、松の傍に石碑を建立しました。

久留米藩は、領内に良港がないため福岡藩より若松の港を借り、参勤交代に使用する船舶をつなぎ留めていました。しかし、寛永20(1643)年、即刻立ち退きを命じられたため、大里の浜を小倉藩から借用し船屋敷を設置しました。詰番(つめばん)の下級藩士は常詰で、多くが相続によって務めていました。彼らは西生寺、大専寺を菩提寺としていたため、その墓が境内に残っています。

旧帝国麦酒醸造棟

9 鈴木商店の夢の痕跡

　明治期に入ると、大里地区では石炭が近くで採れる立地の優位性を活かして官営製鉄所の誘致運動が起こるものの失敗。その立地に注目したのが、新興財閥であった鈴木商店です。

　鈴木商店は、この地に製糖工場をはじめとした穀物コンビナートを建設し、海岸沿いに次々に造られた煉瓦造の工場群は北九州工業地帯の中で大きな一角を占めました。また地元資本家によるビール工場建設に向けた会社設立を金銭面で支援し、帝国麦酒工場が大正2（1913）年4月に建設されました。

　翌年第1次世界大戦が勃発すると、鈴木商店番頭の金子直吉は短期で戦争が終わるという大方の予想に反し、戦争の長期化を予想、資源を買い占めます。これが功を奏し、鈴木商店は日本国内のGDPの1割以上を売り上げ、帝国麦酒も工場を大きく拡張させました。金子が従業員向けに「三井三菱を圧倒する乎、然らざるも彼等と並んで天下を三分する乎、是鈴木商店全員の理想とする所也」との、俗に鈴木商店の「天下三分の計」と呼ばれる書簡を送ったのもこの頃です。

　鈴木商店自体は昭和恐慌の影響で昭和2（1927）年に倒産し、帝国麦酒は桜麦酒と社名変更の後、昭和18年に大日本麦酒と合併、工場自体は平成12年までサッポロビールの工場として使用されました。

　昭和8年、タイの国民的ビールであるシンハービールが創業する際、ビール瓶が大量に必要となったため、桜麦酒は取引業者・日高洋行を介して門司の隣接する関連工場で製造していたビール瓶を大量にタイの地まで運んでいます。

北九州市門司麦酒煉瓦館（旧事務所棟）と、館内に残る桜花模様の階段親柱意匠

左上：北九州首（主）要工業一覧図（昭和2年頃、絵葉書。個人蔵）
右上：鈴木商店の境界杭（神鋼メタルプロダクツ敷地内）

醸造棟内に残るサッポロビール時代の醸造設備

左：現在の柳御所拝殿／右：明治天皇御休息所（大里文化会蔵）

10 安徳天皇・明治天皇ゆかりの地

　大里は本来柳ヶ浦という地名でしたが、平家がここに御所を定めてから内裏と呼ばれるようになりました。これが大里の起こりです。ゆえに大里には平家ゆかりの史跡や地名が点在します。

　寿永2（1183）年、平家は木曽義仲に追われ、太宰府を再起の地として求めますが、その夢叶わずここに仮の御所を定めました。この仮御所の跡であろうと伝えられている所が柳御所です。ここは明治の中頃まで鬱蒼とした森が2つあり、禁裡の森として木の伐採が禁じられていたそうです。森の中には「キリメン様」と呼ばれる石室があり、安徳天皇とされる神像が安置されていましたが、現在は戸上神社に祀られています。

　門司駅から不老通りを上り、柳町三丁目交差点を左折した所に「風呂の井戸」があります。かつては鏡ヶ池と呼ばれる泉でしたが、道路拡張のため、井戸として現在に至っています。安徳天皇の長旅の疲れを癒すため村人がこの泉の水を風呂用に献上したことから、この辺りの地名を風呂と呼ぶようになり、現在は不老町という町名が残っています。

　かつては平家ゆかりの地名として、梅ノ木、王城、矢倉、蔵住、弓場などの字名がありました。

　明治35（1902）年、陸軍熊本大演習上覧のため明治天皇は大里に御上陸され

柳御所境内の歌碑。平家が都を偲んで詠んだ歌が刻まれている。左「分けてきし野辺の露とも消へずして思はぬ里の月をみるかな（平経正）」、右「君住めはここも雲井の月なるをなお恋しきは都なりけり（平時忠）」

大里海岸に建つ「明治天皇紀念之松」碑

風呂の井戸

ました。御上陸に先立ち、臨時の桟橋を造り、奉迎アーチを建て、桟橋から駅まで幅5間の道を造るため、金鋳小路と呼ばれていた径を広げ御幸通りと呼ばれる大通りを建設しました。

大里駅には特別に御乗降場と、それに廊下で渡された御休息所が造営されました。御休息所の内側は、紅白の緞子で玉座を包み、周囲はすべて紫の幔幕を引き回し、外には玉垣が廻らされました。その御休息所が現在の柳御所拝殿です。本来天皇がご利用になったものは焼却処分されることになっていましたが、村民の熱意により御休息所は安徳天皇の聖蹟である柳御所の拝殿として移築されました。

大正3（1914）年には天皇陛下行幸の記念に松を植え、「明治天皇紀念之松」と刻まれた石碑が建てられました。松は枯れてしまいましたが、石碑は場所を変えて現在も建っています。

久留米藩が奉納した戸上神社の鳥居と絵馬

11 霊峰・戸ノ上山に抱かれた社寺

　寛平年間（889〜98）、柳ヶ浦の漁師・重松大江がある夜、海上で漁をしていると網の中に光るものを見つけました。大江はその光明を妖しみ、海岸の根が二股に分かれた松の木（根二之松という）の根元に埋めました。そして馬寄村に住む伊古野大学と弟の伊古野刑部という兄弟がこの御霊を持ち帰り、屋敷に祀りましたが、ご神託により戸板に乗せ戸ノ上山山頂に造った社に祀りました。これが戸上神社の始まりとされています。

　伊古野氏は戸上神社の創建に関わって以来、1100年あまり代々宮柱として神事に携わっています。

　10月10日に秋季例大祭の御巡行のため、上宮より御霊を山神輿に乗せて麓の本宮へ御移しする神事を御降りの神事といい、大祭が終わり23日に本宮より上宮へ移される神事を御昇りといいます。

　古来より大里の氏神として信仰が篤く、大里の浜を租借し船屋敷を構えていた久留米藩から奉納された鳥居や絵馬、大里

戸上神社の玉垣。鈴木商店との関わりも深かった池田組（現池田興業）創業者・池田源次らの名が見える

左：満隆寺の名残であるお堂

左：静泰院での蘭山忌法要／上：幕府（長崎奉行所）が出張所として大里に設置した長崎番所在番武士の墓

宿の有力者や、明治末から大正時代に栄えた鈴木商店ゆかりの会社から奉納された玉垣が残っています。

戸上神社の境内の西側に真言宗のお堂があります。大同元（806）年、遣唐使の使命が終わり帰国途上であった空海が戸ノ上山を仰ぎ見、この山が霊峰であると感じ、麓に一宇を建立、随身供養の観音像を安置されたのがここ満隆寺（まんりゅうじ）の始まりです。中世には隆盛を誇り、7宇を擁する大寺院となりました。今に残る寺内という地名と、戸上神社の境内に残る石仏はその名残です。

戦国時代の戦乱により次第に衰微、明治時代の神仏分離令が決定的となり、現在では小さな祠だけが往時を物語っています。

天龍山静泰院（じょうたいいん）は万治年間（1658〜61）、小笠原長俊（ながとし）追薦のため、長俊の息子・小笠原長繁（ながしげ）により当時小倉開善寺の隠居地だった当地に結構された祖堂です。明和7（1770）年、開善寺を退隠した蘭山老禅が寓住するに及び、その学徳を慕い全国より参学を請うため多くの人が訪れ、盛大を極めました。寛政9（1797）年、蘭山は京都・龍安寺に入院、以来中興の兆しはあったものの寺運は次第に衰頽（すいたい）し、今は一小堂を配するのみとなっていますが、院境には蘭山の墓をはじめ当院関係諸僧の墓碑、大里宿に設置されていた長崎番所在番武士の墓石などがあり、往時を偲ぶことができます。

毎年4月29日には蘭山忌として、地域住民が蘭山の遺徳を慕い名蹟を顕彰しています。開善寺の隠居地だったということは静泰院以前にも御坊があった可能性もありますが、今となっては判然としません。

上：梅花石の置物（北九州市教育委員会蔵）
左：部埼灯台。設計はイギリス人技師のヘンリー・ブラントンで、現存している西洋式灯台としては九州で最も古い

12 部埼灯台と清虚の焚火

　平成23（2011）年に青浜行きのバスが廃止されて以来、部埼灯台へは白野江から徒歩40分の道のりです。

　途中、無機質な採石場を越え、櫛ノ鼻という所に梅花石岩層があります。梅花石は約3億年前のウミユリの化石で、門司区青浜と北海道の空知地方でしか見ることができない貴重な岩石です。現在は県の天然記念物に指定され、採掘はできなくなっています。梅の花を散りばめたような美しさから、菅原道真が左遷されて大宰府に向かう途中、青浜に仮伯した時に見た梅の花が石の上に落ち、それが固まって梅花石になったという伝説が生まれました。

　部埼灯台は、江戸幕府が兵庫港開港に備えてイギリスと建設を約した5灯台のひとつで、明治5（1872）年に建てられた、九州で3番目に古い西洋式灯台です。現在は早鞆瀬戸の潮流の状況を知らせる電光表示板が併設されています。11月1日の灯台の日前後の休日には一般公開されることがあり、明治時代から継続使用されている貴重な内部機器も見学することができます。

　灯台が建設される三十数年前、僧・清虚によりここ部埼で点灯が始まりました。清虚は高野山へ修行に行く途中の船上で、この海域が魔の海と呼ばれ海難事故が多発していたことを知ります。すると彼はこの地で船を降り、托鉢で得たもののほとんどを焚火料にして、航海の安全を祈り毎夜薪を燃やし続けたのです。その献身的な行いにより小倉藩から焚火料を拝

清虚の墓（左）と、その横に建つ部埼火焚開基僧清虚老頌徳碑

上：灯台の近くに復元された清虚の火焚場。当時の火焚場は灯台後方の山頂付近にあったという
右：行き交う船を見守るように立つ清虚の像

領し、また下関の廻船問屋から寄付を受けながら、焚火は嘉永3（1850）年、彼が没するまで続けられました。

　清虚が亡くなると村人によって墓所に葬られ、現在はその横に「部埼火焚開基僧清虚老頌徳碑」と刻まれた碑が建てられています。また海岸にそびえる清虚像は、清虚を顕彰するため昭和48（1973）年に有志によって建てられたものです。

　清虚が死去した後、部埼灯台が建設されるまでの約20年間、青浜の人々によって薪が燃やし続けられました。清虚や村人たちが火を灯し続けた場所は灯台の建つ山の山頂だといわれていますが、大雨で流失し、平成20年灯台の近くに復元されています。

新田側の汐ぬき穴

13 ひとりの元庄屋が開いた広大な新田

　県道25号線と門司学園の間に広がる水田を猿喰新田といいます。この新田は石原宗祐によって開作されたものです。

　石原宗祐は宝永7（1710）年、大里村の庄屋の家に生まれました。20代前半に享保の大飢饉を体験します。当時門司で餓死者1400名あまりという未曽有の大飢饉でした。小倉藩はこの経験から食糧増産を目的とした水田開作の必要性を感じますが、多額の費用が必要なため、大里村六本松の畑開作という実績のある宗祐に請け負わせることにしたのです。

　宝暦7（1757）年、宗祐は開作に専念するために庄屋の職を辞し、弟・柳井賢達とともに開作工事に着手しますが、工事は難航しました。地蔵面から堤防を築いていったものの、泥が深いため石を投じても埋没して地盤が固まらず、成功が危ぶまれる状態に陥ってしまいます。弟の賢達は工事の中止を勧めますが、宗祐は聞き入れず、袂を分かちひとりで工事を続行しました。

　宗祐は一計を案じます。小舟を数十隻買い入れ、多くの石を積み満潮の時に地盤の柔らかい所に置き、干潮になるとさらに石を積み土を盛って堤防を完成させ、汐留めに成功しました。堤防には唐樋と呼ばれる排水溝を設け、潮の干満によって締め切り板が自動で開閉し、干潮時に排水できる仕組みにしました。ここに33町という広大な新田が生まれたのです。

　さらに10年の年月をかけ、折池をはじめ八ヶ坪、両国面などに池を築き、水利を確保しました。これらに要する費用

左上：海側の汐ぬき穴／右上：猿喰新田

左下：門司学園近くに建つ石原宗祐翁頌徳碑／右下：厳島神社の石祠。安永5（1776）年の銘がある

はすべて宗祐が自費で賄ったといいます。

宗祐はこの後曽根新田を開作し、文化3（1806）年、97歳で没しました。宗祐の別邸・稲花庵（とうか）で葬儀が行われ、そこに埋葬されました。開作した者をその場に埋葬し守り神とする風習は古来よりあり、その形式に則ったものでしょう。宗祐は今も猿喰新田を静かに見守っています。

堤防に造られた汐ぬき穴は東西2基ずつありましたが、門司学園の辺りにあった西側の2基は現存していません。現存する東側の2基は平成15（2003）年に北九州市指定文化財となりました。この他、排水のためくり抜かれた岩盤、石原宗祐の墓や頌徳碑、宗祐が水田の守り神として勧請した厳島神社、溜池が残っています。

石原家の敷地内にある石原宗祐の墓。戒名「開田院宗祐居士」が刻まれている。墓石は五輪塔で、空・風・火・水・地の5文字は宇宙を構成する5大要素を表すという

恒見の町並み。右下は恒見懲役所の囚人が築いたと伝えられている石垣。小倉城の石垣の築き方を手本にしたともいわれる立派なもので、腕の立つ石工の指導があったと思われる

14 石灰石採掘で繁栄した恒見村の面影

　恒見(つねみ)は江戸時代、門司の中では豊かな村のひとつでした。明治になり石灰石の採掘が始まると、松ヶ江村の中心地として繁栄が続きました。町並みに残る赤煉瓦や覆輪目地(ふくりんめじ)で彩られた鉱滓(こうさい)煉瓦の塀、白い漆喰(しっくい)の蔵などが往時の栄華を偲ばせます。

　恒見の中心には恒見八幡宮があります。由緒は不明ですが、開基は平道金で、武運長久を祈って宇佐八幡の分霊を勧請したといわれています。

　恒見八幡宮の横には西福寺があります。ここにはかつて恒見懲役所という監獄がありました。明治6（1873）年に小倉県により設立され、その後様々な変遷を経て明治19年に廃止されます。在監囚人は、津村島や恒見村、吉志(きし)村において石灰石の採掘や、その石灰石を「石灰焼き」するのに使役されました。また、地元の確かな者なら、囚人を借りて使役することができました。漁師は人手が足りない時によく雇ったそうです。明治10年代のことで、今は西福寺境内にある「合葬の碑」という石碑だけが、その名残を留めています。

　西福寺から北に400mほど行くと、今津まで続く広大な松林があります。ここは江戸時代に築かれた防砂林のうち、北

恒見八幡宮。毎年10月12日の祭礼には神楽が奉納される

防砂林

西福寺。上は恒見懲役所で亡くなった人々を供養する合葬の碑

九州市内で唯一残っているものといわれており、これによりここが当時の海岸線だったことがわかります。

　防砂林の北にある小高い丘の上には畑城、別名・陣山城の跡があります。「門司城の支城にして、大内氏の所有、城主は柳田彌九郎」と口碑に伝えるのみで詳しいことはわかっていませんが、築城は15世紀後半と思われます。山頂の東側は削り取られており、遺構らしきものは曲輪跡と土塁のみです。

　防砂林からは津村島が見えます。津村島は女神だったという伝説があり、その美貌から周防灘に散在する島々の神々の憧れの的だったといいます。海岸から見える島影はさぞ美しかったことでしょう。

　津村島では明治時代から石灰石の採掘

津村島の石灰石採掘跡

が始まり、納屋が20戸も建っていたそうです。島の東側では石灰石採掘のためにできた大きな穴に海水が入り込み、池のようになっています。今では埋立地の一部に取り込まれており立ち入ることはできませんが、近くへ行って見ることはできます。

宮本武蔵の顕彰碑。碑文には「兵法天下無双播州赤松末流新免武蔵藤原玄信二天道楽居士　承応三年甲午暦四月十九日　孝子敬建焉　正保二乙酉五月十九日於肥後国熊本卒」とある

佐々木小次郎の顕彰碑

1 宮本武蔵と宮本伊織

　手向山の頂上の平らな所に、江戸初期に巌流島で闘った宮本武蔵と佐々木小次郎の顕頌碑が建っています。

　宮本武蔵の碑は、武蔵が亡くなってからわずか9年後、承応3（1654）年の建立です。高さ4、5mの非常に大きな自然石を削って、1000字を超す碑文が刻まれています。

　この碑は、武蔵の養子である宮本伊織が、武蔵と親交のあった熊本・泰勝寺の春山和尚に頼み、決闘があった巌流島に向けて建てたものです。

　しかし、明治20（1887）年11月、この山に砲台を建設するため、陸軍が武蔵の碑を隣の延命寺山上に移しました。武蔵の碑が元の手向山山頂に返されたのは、昭和37（1962）年のことです。最初に建てられた場所は山頂の北端で、巌流島

上下2段に並ぶ宮本家の墓地。右の写真の一番大きな墓石が宮本伊織のもので、向かってその右が奥方の墓。「作州津山城主森美作守家士中村氏女」で元禄7（1694）年正月13日没、法名は本浄院妙清日如大姉とある。その他、歴代の宮本家の墓が並び、伊織の実家の田原吉郎右衛門勝貞（享保元年没）の墓石もある

の方を向いていましたが、現在の位置は山頂の中心地で、向きも当初よりかなり左側を向いています。

一方、佐々木小次郎の碑は、昭和26年に小説「佐々木小次郎」の作者・村上元三によって建てられたものです。

手向山の麓（公園の上り口）の道を少し上ると、左手に宮本家の墓地があります。もともとは山頂から一段下がった砲台跡付近にあったのですが、明治20年の砲台構築の際に麓に下ろされました。

墓地には上下二段に江戸時代の代々の墓が立ち並んでいます。上段中央の一番大きな墓石が宮本伊織のものです。

伊織は慶長17（1612）年、武蔵の兄・田原甚兵衛久光の次男として播州に生まれ、幼い頃、武蔵の養子になりました。寛永3（1626）年、15歳で明石の藩主・小笠原忠真（ただざね）に仕え、20歳で家老になります。翌寛永9年、小笠原忠真に従い小倉に移ってきました。当時の禄高は2500石でしたが、寛永15年、26歳の時に島原の乱に出陣し、勲功が認められて4000石となります。延宝6（1678）年3月28日に没しました。享年67歳で、法名は慈海院忠厳紹徳居士です。

手向山砲台の探照灯台座跡。直径約4m、深さ60cmほどで赤煉瓦の壁で囲まれている。上部のセメント部分には西から「防波堤」「小倉」「名古屋岬（名護屋岬の誤り）」「白連島」「藍島西端」「竹ノ子島西端」「俎燈台」「筋山」「田ノ首村」「鳴瀬燈台」「火ノ山」「與次兵衛燈台」「古城山」「大里」「矢筈山」と目標の地名が記されている

2 明治時代の要塞地帯

　手向山（たむけ）一帯は明治時代、陸軍に接収され、山頂に砲台が構築されました。敵艦隊の来襲時に関門海峡を防備するためのものです。玄界灘から関門海峡へ入る船は、この砲台前で減速して大きく左に舵を切るため、砲撃しやすい場所でした。

　手向山砲台は明治20（1887）年9月に起工し、同22年3月に竣工しましたが、実戦で使用されることはありませんでした。戦前は要塞地帯のため立ち入りが禁じられ、終戦後に大砲も台座も撤去されました。ただ、弾薬などを入れていたと思われる倉庫だけが、入口を塗り潰されていますが、倉庫とわかる状態で残っています。

　6個あった砲座の跡は整地されて何も残っていません。各砲座の間にあった倉庫は、第1～5号倉庫まで確認できます。第4号倉庫の入口上には縦書きで「明治二十年九月起工、明治二十一年九月竣工、工役長　陸軍工兵大尉　南部雅」と刻まれています。この竣工は工兵隊担当の土木工事だけを示していると思われます。大砲の設置完了は同22年です。

　なお各砲座からは関門海峡が見えないため、少し離れた場所に敵艦の位置を砲座に知らせる観測所と、夜間に海峡を照らす探照灯が設けられました。

左：手向山砲台の第3号倉庫／右：電灯機関舎（火力発電所）跡。探照灯へ電気を供給していた

　この手向山砲台の南側背後には笹尾山砲台がありました。明治20年10月に着工し同22年9月に竣工しました。28cm榴弾砲が10門（5砲座）設置されました。この砲台も実戦には使われませんでしたが、明治34年に皇太子殿下が視察に訪れた際には、試射を行っています。大正時代に民間に払い下げられたため遺構は半分ほどしか残っていませんが、観測所や井戸、倉庫、軍用道路などが現存します。

笹尾山砲台の遺構
右：第4号倉庫内部。奥壁上部の換気孔は、他に例がないスリット状のもの
下左：井戸。半地下式の守りに徹した造りとなっている
下右：観測所。周りの土が除去され、コンクリートが剥き出しになっている

「九州小倉合戦図」（北九州市立自然史・歴史博物館蔵）。第2次長州戦争のうち、小倉口の戦いを描いた瓦版。長州側はこの戦争を四境（大島口、芸州口、石州口、小倉口）戦争と呼んだ。小倉口の戦いは慶応2年6月17日、7月3日、同月27日の3回にわたって繰り広げられた

3 長州戦争の激戦地・鳥越峠

　慶応2（1866）年6月17日未明、長州軍が田野浦に上陸し、第2次長州戦争小倉口の戦いの火ぶたが切られました。

　7月27日の夜明けから始まった戦いは、最も熾烈なものとなりました。門司と小倉の境付近を中心にして小倉藩と熊本藩の2藩だけで長州軍と戦いました。小倉軍は千束藩主・小笠原近江守貞正が城主代理として指揮をとりました。中でも激戦だったのが、大里新町から富野に向かう途中の鳥越峠（八丁越）の戦場です。

　長州軍は3隊が鳥越峠（大分脇道）を登っていきました。小倉軍はあまり抵抗せずに坂道を登って熊本軍の弾正山台場に逃げ込み、熊本軍の大砲が攻撃を開始しました。長州軍は弾正山台場を目がけて斜面に取り付きましたが、頭上からの猛攻に全く動きがとれません。長州軍の第2陣が戦線に到着し、援軍の奇兵隊山田鵬介隊と、名誉挽回を期す赤鉢巻隊が加わりました。2度、3度と八丁越の本通りからの攻撃を試みましたが、いず

Column

水かけ地蔵

　国道3号線の手向山トンネルの少し小倉寄りの山側にたくさんの地蔵が祀られています。正面に石祠が3つあり、多数の船形地蔵が安置されています。地蔵の中には文政年間（1818～30）のものもあり、石祠の内側には天保12（1841）年とあります。

　手前の「地蔵尊霊水」の碑は明治38（1905）年の建立ですが、灯籠には文化12（1815）年と刻まれています。

　この水かけ地蔵は最初、現在のJR鹿児島本線のすぐ上の所にありました。鹿児島本線を拡幅する際、横を平行して通っていた九州電気軌道（九軌）を、現在トンネルを掘って高い所を通っている国道3号線に移動させました。同時に、水かけ地蔵も電車道の上に移したのです。

　最初にあった場所には石段が2、3段残っています。また、明治まで水が流れ出ていた所には、現在も少し水が出ていました。幕末の絵師・村田応成は『豊国名所』の「とりごえ」の中に小さく水かけ地蔵の石祠を描いています。

れも失敗に終わりました。

　山田隊は作戦を変更して、弾正山台場よりも高い忘言亭山（現在の富野台）に登って、そこから一気に台場になだれ込むという奇襲作戦を立てました。隊長の山田鵬介は素っ裸に「赤ふんどし」という格好で、刀の鞘を背中にくくりつけました。およその見当をつけて一斉に歓声をあげて駆け降ります。ところが、かなり手前で弾正山からは離れていました。しかし、もう引っ込みがつかず、山田を先頭に、二十数名全員が突っ走り、台場下にたどり着こうとしました。

　山田は太刀を振り回し、台場まであと10mの所まで行きましたが、それを見た熊本軍隊長・木造左門が刀を抜き、台場から躍り出て山田と対決しました。そして近くにいた永嶺雲七が小銃で山田の胸板を貫きました。

　ここでの奇兵隊の戦死者は16名で全滅に近い状態でした。熊本軍の目前なので死体の収容もできないまま、奇兵隊の生存者は急いで退却していきました。こうして鳥越峠の戦いは終わりました。

昭和8年に建てられた「慶応丙寅激戦の址」碑。小倉郷土会の説明銘板がある

富野堡塁の倉庫跡

4 富野堡塁とメモリアルクロス

富野の見晴らしの良い高台に位置する老人福祉施設「望玄荘」は、かつて国民宿舎として利用されていた建物を改装した施設です。この建物裏手斜面に沿う形で5連続きのアーチ構造を持つ倉庫がひっそりと残っています。かつて関門海峡に侵入する艦隊を迎撃するために建造さ

扉上部の通気口

れた要塞施設・富野堡塁の遺構です。

日本陸軍は明治19（1886）年、朝鮮半島を巡る中国やロシアとの緊迫した国際情勢に備える形で臨時砲台建築部を設け、関門海峡両岸にまたがる砲台群の建設に着手しました。富野堡塁は12cmカノン砲8門を備えた防衛施設として、明治22年2月に竣工しています。翌23年に要塞地帯法が施行され、関門海峡の各都市は「下関要塞地帯」に指定されました。これによって地域内の写真や地図の発行には要塞司令部の許可が必要となり、遠景がはっきりとわからないよう絵葉書に細工が施されることもありました。

富野堡塁の倉庫跡の壁面は、通常の赤煉瓦よりも塩害に強い焼過煉瓦が使用されています。また、上部には他の類似施

朝鮮戦争の記憶を伝えるメモリアルクロス（右）と「国際連合軍記念十字架」と記された銘板。メモリアルクロスは戦闘機のジュラルミン製という説もある

設とは異なり、通気用の隙間が網目状に設けられています。おそらく山中の湿気対策ではないかと推定されます。

　富野堡塁から山中の遊歩道をしばらく南に歩くと、五百羅漢の石仏が残る駐車スペースに行き当たります。ここから右に曲がり山中を少し歩くと、大きな十字架が見えてきます。

　この十字架は昭和26（1951）年、朝鮮戦争で戦死したアメリカ兵をはじめとする国連軍の兵士を弔うため、軍の有志によって作られたもので、メモリアルクロスと呼ばれています。高さ約20mの十字架のたもとには国連マークと設立経緯が記されています。

　両施設ともに山中にあり、訪れる人も少ない所ですが、小倉の地が持つ軍都としての歴史を現在に伝える重要な施設であると言えます。

五百羅漢。小倉藩の商人が五百羅漢の建立を藩に願い出て天明5（1785）年許可がおり、石仏群の一部が完成した。その子が父の遺志をつぎ、寛政4（1792）年に完成させ、広寿山福聚寺住職が開眼の法要を行ったといわれている。大半の像が首を折られており、これは幕末に長州兵によって首を落とされたとか、また明治期の廃仏毀釈の影響で荒廃したともいわれるが、定かではない

上：仏殿（本殿）は享和2年に再建されたもの。扁額「吉祥寶殿」は即非和尚の書による

右：不二門。総門（黒門）から境内に入ると、その次にあるのがこの門。享和2年に再建されたもので、表の寺額（廣壽名山福聚禅寺）と、内側の扁額「不二門」は即非和尚の書になるもの

5 小笠原家の菩提寺・福聚寺と周辺の寺院

　広寿山福聚寺は、寛文5（1665）年、小倉小笠原藩初代藩主・忠真により小笠原家の菩提寺として創建され、即非和尚が開基しました。即非は中国明の福州出身で、黄檗宗の名僧・隠元和尚の高弟でした。寺は当初足立山麓の不老庵の跡地に建てられましたが、2代藩主・忠雄がその近くの現在地へ改め、延宝7（1679）年に堂宇を大きく増築しました。しかし、天明9（1789）年に全焼したため、現在の仏殿などは寛政6（1794）年から享和2（1802）年まで13年をかけて再建されたものです。

　慶応2（1866）年、長州戦争の際には幕府軍・肥後藩の本陣となりました。小倉藩が城を焼いて香春へ退く時、寺も

広寿山墓地の墓碑
左：島村志津摩の墓。島村は慶応2年に小倉藩が城を焼き香春に退いた後、金辺峠に陣を張ってゲリラ戦を展開した。翌3年に長州との講和が成立し、島村は香春藩の家老となった
中：島村光津の墓。結婚後に大病を患い、小倉藩士・柳田市兵衛に教えを受けたところ治癒したため信仰生活に入り、明治15（1882）年、東京に進出して「神道蓮門教」を創設した。信者数は一時100万人を擁していたといわれている
右：小倉炭坑殉職者慰霊塔。小倉炭坑は宇部の古谷鉱業により昭和12年に設立された。この塔は落盤事故や出水事故の殉職者を慰霊するため昭和23年に建てられた

藩主墓所には小倉で逝去した初代藩主・忠真、2代・忠雄、8代・忠嘉、9代・忠幹の墓がある。上は忠雄、右は忠真の墓。なお江戸で没した藩主は浅草の海禅寺に葬られている

焼くようにと指示があり、住職らは火をつけて田川郡金田村へ避難しました。しかし、幸いにも仏殿、不二門、収蔵庫、鐘つき堂などは焼けずに残りました。そのため一時期長州軍の本陣となり、山県狂介などが滞在したといわれています。

境内の墓地には家老・島村志津摩の墓や小倉炭坑の殉職者を祀る慰霊塔などがあり、境内奥には歴代藩主の墓所があります。

この福聚寺周辺の寿山町（じゅざん）一帯には、他にも江戸時代から続く寺があります。

長清寺は、元禄13（1700）年に広寿山福聚寺2世・法雲和尚が開基したもの

長清寺

右上：円通寺の境内の杉田久女句碑。「三山の高嶺つたひや紅葉狩」と刻まれている。英彦山が紅葉に映える様子を詠だもの
右：『豊国名所』に描かれた円通庵（北九州市立自然史・歴史博物館蔵）
下：現在の円通寺

で、現在の寺は、5代・梅州和尚が開基した玉泉庵の場所に、同庵と合併して建設されています。

　円通寺は、初代藩主・忠真により建立され、後に広寿山2世住職となる法雲が住職となりました。現在の寺は、昭和22年、林文照和尚が再建したものです。この場所は、2代藩主・忠雄の別荘「望海楼」があった所で、小倉の町絵師・村田応成が、幕末期の小倉城下の様子や領内の名所・風俗を描いた『豊国名所』で42景のひとつとして描かれています。

　また円通寺の境内には、大正末から昭和初めに活躍した女流俳人・杉田久女の句碑があります。広寿山25代住職・林隆照和尚は久女の良き理解者であり、久女

宗玄寺。上の写真は、寺が馬借にあった昭和25年頃、寺の山門を出る魚供養会の行列（今村元市編『写真集 明治大正昭和 小倉』〔国書刊行会、1979年〕より）

足立森林公園内の道路脇にある採石場跡。ここの石が小倉城築城の際に石垣として用いられた。現在も、大きな石に穴を穿ち、そこに矢を打ち込んで切り出した石が数カ所残っている

は度々寺を訪れていました。林隆照和尚の子で円通寺15代住職の林文照和尚は、昭和54年に久女の句碑を境内に建立しました。

　宗玄寺は、慶長19（1614）年に初代藩主・忠真の父・秀政が、信州松本城外に臨済寺を建てたのがその始まりです。大坂夏の陣で秀政が討ち死にし、忠真は父の法号にちなんでこの寺を宗玄寺と改称しました。寛永9（1632）年、忠真の転封とともに、小倉城下馬借（ばしゃく）の細川幽斎を祀っていた泰勝院の跡へ移りました。慶応2年の長州戦争の際には幕府軍の陣営となり、兵火で焼失してしまいました。また、都市開発により昭和51年に現在地へ移転しました。

足立山妙見宮

6 妙見宮の総本宮

　奈良時代の終わり、僧・弓削道鏡が宇佐八幡の神託と称して天皇の地位に就こうとした時、和気清麻呂はそれを阻止しました。そのため道鏡の怒りを買い、大隅（鹿児島県）へ島流しとなります。その道中、道鏡の追手に足の筋を切られますが、数百頭の猪が現れて清麻呂を助けます。そして宇佐八幡の神託を受けて企救郡（小倉南区）の山の下の温泉に入ったところ、清麻呂の足の傷はたちどころに癒えました。その後、この山を「足立山」と呼ぶようになったと伝えられています。

　宝亀元（770）年、清麻呂は四男・磐梨為綱（出家して妙運）を足立山に送り、神社を創建しました。これが全国妙見宮の総本宮である足立山妙見宮の始まりです。もともとは標高519mの妙見山山頂にあり、ここは現在上宮となっています。細川忠興が眼病平癒を祈願し、この成就により慶長6（1601）年、下宮を現在の場所に建てました。

　境内には猪に乗った和気清麻呂の像や、小倉藩士で歌人の秋山光彪が建立した歌塚などがあります。

　また、本殿の右奥にある薬師堂には6体の木像が安置されています。このうち薬師如来・釈迦如来・阿弥陀如来・虚空

歌塚。秋山光彪が、豊前国の和歌が盛んになるよう、和歌の師・村田春海の十七回忌にあたる文政10（1827）年に建立したもの。『豊国名所』（左）にも「うたつか」として描かれている（北九州市立自然史・歴史博物館蔵）

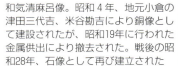

和気清麻呂像。昭和4年、地元小倉の津田三代吉、米谷勘吉により銅像として建設されたが、昭和19年に行われた金属供出により撤去された。戦後の昭和28年、石像として再び建立された

蔵菩薩の4体は仁寿3（853）年に太政大臣・藤原良房が奉納したものです。当初は上宮に安置されていましたが、天文21（1552）年、大友宗麟が門司城を攻めた時に上宮にも火を放ち、仏像は谷へ投げ捨てられました。その後、長く放置されていましたが、明和2（1765）年に樵が発見して妙見宮に再び納められ、明治8（1875）年、現在地に安置されました。なお、現在の仏像は奉納当初のものでなく、室町時代中期頃に模作したものと考えられています。

また、虚空蔵菩薩は「こくうくら」とも読めることから、小倉の地名の起源になったという説があります。

寛政7（1795）年には、小倉藩5代藩主・小笠原忠苗が上宮に参拝したおり、家臣がお茶の用意にと同社の後ろを掘っ

薬師堂の仏像。上段左から虚空蔵菩薩・不休息菩薩・大日如来・阿弥陀如来・釈迦如来・薬師如来

左：上宮への参道には石畳が敷かれ、安永3（1774）年に建立された鳥居や、江戸時代の津田手永上長野村在住の松井氏より寄進された狛犬がある／右：上宮。風除けのためか、山頂を一段掘り下げて祠などを配している

たところ古鏡9面が出土。中国南宋時代の湖州鏡が6面、流水飛鳥や梅鳥の模様がある和鏡が3面で、その中の1面に刻まれている追銘から承安4（1174）年に妙見信仰によって奉納されたことが判明しています。これらの古鏡は昭和37（1962）年に福岡県有形文化財に指定され、北九州市立自然史・歴史博物館に展示されています。

上宮で出土した古鏡（北九州市立自然史・歴史博物館提供）

Column

小倉の夏の風物詩・小文字焼き

　小文字山は標高366mで、山麓の小文字山登山口からは30分ほどで登ることができます。小文字山という名は、大正の広重と呼ばれた鳥瞰図絵師の吉田初三郎が付けたものです。山頂からは、小倉北区の中心街のみならず、門司港から八幡東、若松、戸畑まで一望できます。

　夏の風物詩「小文字焼き」は、小倉で開催された第3回国民体育大会に参加する選手たちを歓迎するため、小倉市長・濱田良祐が京都の「大文字」にならって昭和23（1948）年10月29日に点灯したのが始まりです。翌年からは平和を願う盆の迎え火として受け継がれてきました。字の大きさは、中央が長さ36m、両側は14.4m、文字幅は2.7mで、竹筒の中に藁を詰め、灯油を入れた灯明300本を並べて「小」の字を表しています。

小文字焼き（北九州夏まつり実行委員会提供）

小文字焼きが行われる斜面。スキージャンプ台のような急斜面からは小倉の街が一望できる

足立山・妙見山・砲台山の遠景

7 足立山系に残る軍事施設

　足立城は、足立山城、妙見城、吉見城とも呼ばれています。標高597mの足立山（霧ヶ岳）から519mの妙見山、標高440mの砲台山の山頂及び尾根にかけて、郭や堀切などが築かれました。「企救郡古城取調簿」には「東西二十間、南北三十間許、楕円形ノ平地ニシテ、僅ニ石垣及濠渠ノ跡猶存セリ」と、戦術的な役割を持つ単郭状の城の姿が記載されています。また、延文元（1356）年、武家方の下総修理亮親胤の軍忠状では「今度御敵取、足立嶽於陣之間」と、足立嶽の陣のことが記載されています。

　時代は下って太平洋戦争の頃、北九州と下関は、八幡製鉄所や小倉陸軍造兵廠を中心とする一大軍需地帯であり、また瀬戸内海と東シナ海とを結ぶ交通の要衝でした。そのため、昭和16（1941）年11月、西日本では最大の防空兵力が配置され、砲台山に第11高射砲中隊が配置されました。しかし、戦局悪化に伴い、昭和20年春に本土決戦に備えた高射砲の再編成が行われ、この砲台は廃止されました。

　現在、標高420mの稜線には鉱滓煉瓦で築かれた竈、建物やトイレの基礎など、

上：足立山城の堀切。尾根伝いに攻めて来る敵の足を止めるため、V字形に尾根をカットしている
右：高射砲陣地のトイレ。便槽が鉱滓煉瓦で築かれている

下：砲台の中心にある、鉱滓煉瓦で築かれた円形銃座もしくは指揮所の跡
下右：足立山と砲台山への登山道分岐点近くにある高射砲陣地の竈跡

高射砲陣地の跡を見ることができます。また、山上の駐屯生活には欠かせない水槽も3ヵ所残っています。砲台山山頂は高射砲を設置するため平らに整地され、4門の砲がありましたが、砲座はことごとく破壊されており、岩盤に穿たれた穴と、鉱滓煉瓦で築かれた円形銃座が残っています。さらに、山頂下には弾薬庫や建物などの基礎が現存しています。

この高射砲陣地設置に伴い、資材運搬のため、小倉南区湯川から砲台山まで、つづら折の軍用道路が造られました。現在も車が充分通れる幅の道が残っており、途中で遮断されているため車では登れませんが、知る人ぞ知る隠れ登山道となっています。

左：菅原神社／右：江戸時代の「日本古城絵図　豊前国小倉城」に描かれた天神島（国立国会図書館ウェブサイトより）

8 天神島はその名の通り小島だった

　古船場町の天神島は昔、神嶽川ほとりの小島でした。菅原道真は、大宰権帥として京都より筑紫へ向かう途中にここで一休みし、風光明媚な企救の浦をめでたと伝えられます。菅公亡き後に里人がその遺徳を慕い一祠を建立したのが、菅原神社のはじまりです。

　その後、細川忠興も小倉城築城にあたり町人に信仰を勧め、寛永9（1632）年に小笠原忠真が藩主として入城後、夫人・永貞院の尊崇特に厚く、若君（2代藩主・忠雄）の養育に菅公の教訓をもって当たりました。忠真は慶安元（1648）年に社殿を修築し、公式に教育祈願所と定めました。

　現在、商工貿易会館と天神島駐車場がある場所には、明治5（1872）年に開校した天神島小学校がありましたが、昭和43（1968）年に堺町小学校と統合し小倉小学校、そして現在は小倉中央小学校となっています。天神島小学校は、戦後日本を代表する作家である松本清張の

上：無法松の碑／右：天神島小学校跡碑

慈済寺。細川家ゆかりの寺であるため、本堂の瓦や軒には細川家の家紋・九曜紋が残る。下は慈済寺に伝わる鰐口（北九州市立自然史・歴史博物館提供）

母校です。清張は大正中頃の学校付近の様子を『半生の記』などに記しています。

古船場町には無法松の碑があります。小倉を舞台に、荒くれ者の人力車夫である富島松五郎（通称・無法松）と、よき友人となった矢先に急病死した陸軍大尉・吉岡の遺族との交流を描いた小説『富島松五郎伝』（後に『無法松の一生』と改題）を顕彰するものです。

慈済寺は、寛永年間に宗玄寺の5世・綱州和尚が中興した曹洞宗の寺です。元和4（1618）年に小倉城主・細川忠興の眼病平癒を祈願して、小倉鋳物師の大道九兵衛が造って家臣が奉納した鰐口（本堂の正面軒先に吊り下げ、つるした綱で打ち鳴らす仏具）が伝わっています。市内に現存する最古の鰐口であることから、市の有形文化財に指定され、現在北九州市立自然史・歴史博物館で展示されています。

欣浄寺は小倉藩初代藩主・小笠原忠真ゆかりの寺です。忠真は明暦2（1656）年に慈光上人が小倉に来た折、時宗の寺・長福寺を峯高寺の境内に創立した後、万治元（1658）年、現在地にお堂を建てました。享保元（1716）年、将軍・吉宗の子が幼名を長福丸と名乗ったため、

寺名を欣浄寺に変えました。忠真は戦場に出る時、兜に観音像を安置して守り本尊としたといいます。境内にある時宗僧侶・河野静雲の句碑「おいわれの兜観音蟬すずし」は、この故事を詠んだものです。

欣浄寺

9 香春街道の出発点・香春口

　小倉城は、細川氏が江戸時代に九州の諸大名を監視するため、長崎や豊後地区などへの交通の要所となっていた現在地にあった中世の城を拡張し、濠と土塁に囲まれた総構えの城に大規模改造したものです。そして、外濠には、門司口門・中津口門・筑前口門など、他領に通じる主要街道の起点に門を設置していました。

　現在の香春口交差点には香春口門があり、徳力・呼野・採銅所・香春・千手・秋月へ向かう香春街道（秋月街道とも呼ばれる）の起点となっていました。江戸時代、香春口門の両側には幅11間半（20.7m）から9間（16.2m）の濠があり、門には石垣が積まれてその上に二重櫓が建っており、城外から城内を見通せないよう守りに徹した枡形の門でした。

　門の石垣と濠は明治の中頃まで残っていましたが、明治39（1906）年の小倉軌道による馬車鉄道の開通などに伴い、障害となる石垣は撤去され、門の遺構は全く残っていません。濠の一部はその後埋め立てられ幅は狭くなりましたが、道路としてその名残を現地に留めています。

左：『豊国名所』に描かれた香春口門（北九州市立自然史・歴史博物館蔵）／上：「豊前国小倉城絵図（正保城絵図）」に描かれた香春口門（国立公文書館蔵）

香春口門・濠・水門橋の位置図

左：現在の香春口門付近／右：香春口門から西側の濠の跡

　ちなみに、江戸時代のこの門は朝七ツ（4時）から夜九ツ（12時）まで開門していました。

　細川氏は、城を築くにあたり、城下町全体を海と川、そして濠で囲むように設計しています。紫川の支流・神嶽川の馬借3丁目付近から、北東の砂津までの濠（現在の砂津川）と西の紫川までの濠を掘り、守りの要としました。そして、濠の分岐点には水門を設置し、有事の際には水門を閉じ神嶽川の水で城外を水没させて敵の侵入を防ぐ構造となっていました。現在、水門は洪水時の支障となるため撤去され、川も拡幅されていますが、付近に水門橋としてその名残を留めています。

左上：「豊前国小倉城絵図（正保城絵図）」に描かれた水門橋（国立公文書館蔵）／右上：水門橋（赤い線）及び濠の推定位置／左下：水門から東側の濠（砂津川）／右下：水門から西側の濠跡

10 都会に残る江戸時代の道と古代の条里

　国道3号線と10号線が交差する三萩野交差点から東南側の住宅地の中に、旧萩崎村と旧片野村を結ぶ江戸時代からの道が往時のまま残っています。入口は三萩野交差点から南に下った片野1丁目12番と13番の境、車1台が通れる狭い道で、その周辺が片野村でした。道沿いに進むと日切地蔵尊などが祀られているお堂があり、そこから東側に行くと常徳寺があります。

　常徳寺は初め豊後橋の南側にありましたが、寛永年間（1624〜44）に紫川が氾濫し浸水したため、村人と話し合って現在地へ移り、享保2（1717）年に寺を建立し、馬借町の慈済寺に預けていた本尊の十一面観世音菩薩を移しました。

　寺の南側には、道路を挟んで東岸寺があります。天正年間（1573〜92）に小倉城下常盤橋の東側、高浜の岸際にあったため、「東岸寺」と名づけられたといいます。その後、細川氏が小倉城を築城する際、米町（旧コレット西側の平和通り）に移転しますが、享保10年、火災により炎上し、鐘楼門を残して灰塵となってしまいました。宝暦3（1753）年に再建され、昭和34（1959）年、道路拡幅により現在地に移転しました。境内には、延宝8（1680）年に建立された

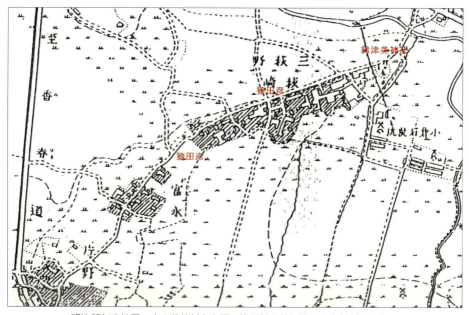

明治27年の地図。上の萩崎村と左下の片野村の境に猿田彦大神が祀られていた。萩崎村の南側に見える直線の道が古代の条里跡

常徳寺。境内には五輪塔や小倉競馬倶楽部が大正8年に建立した「普門品一字一石碑」が祀られている／右：東岸寺。現在の本堂は鉄筋コンクリート造で、境内脇に身代地蔵尊が祀られている

身代地蔵尊があり、次のような話が伝わっています。毎晩この地蔵尊を参詣するのを不義と勘違いした夫が、お参りを終え寺門から出ようとした妻を袈裟（けさ）懸けに切り、急ぎ家に帰ると死んだはずの妻がいました。驚いた夫が門前に戻ると地蔵が切られており、その切り口から血が流れていたということです。

元の旧道に戻り北へ進むと、右手に角（須美（すみ））神社があります。貞観2（860）年、宇佐神宮より門司・甲宗八幡神社（こうそうはちまん）へ、神宮皇后が使われた甲（かぶと）を神霊として運ぶ際に片野に1泊されたことを起源としています。また古来より、婚姻の祖神、安産・家内安全・商売繁盛・交通安全の神として片野、三萩野一円の氏神となっています。

市民球場への大通りを横断し、旧道をさらに進むと左手に、享和4（1804）年に建立された猿田彦大神があります。この付近が、萩崎・片野両村の堺となっていたようです。これより北側が旧萩崎村で、再び三萩野公園への大通りを横断し、さらに旧道を進むと村の中心地にお堂があります。道路を挟んで反対側には建立年が刻まれていない猿田彦大神が祀

られており、その先の右側に綿津美（わたつみ）神社があります。由緒や創建年などは不明ですが、毎年1月16日に行われる「わいわい祭り」は有名です。この神社はもともと、現在の明和町の三萩野保育園の場所にあり、八大龍王社と呼ばれていました。明治43（1910）年、足立山妙見宮に合祀されましたが、地元の人々が萩崎町の現在地に再建しました。わいわい祭りは、正保2（1645）年、この村に疫病がはやった時、神徳によってようやく止んだので「祝う祝う」と言っていたのが、「わいわい」になったといわれています。この祭りは、太鼓を打ち鳴らしながら神主の先導で、賽銭箱を担いだ子供たちが

角（須美）神社

Ⅱ──小倉北区

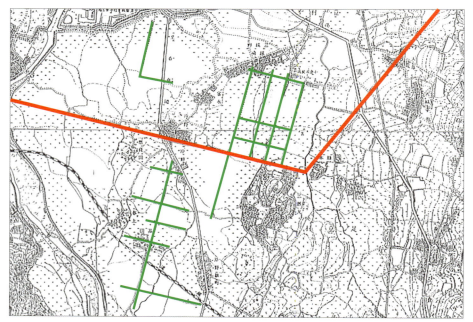

西海道（赤線）の推定位置図。三萩野村や片野村の周囲に条里の跡（緑線）があり、西海道はその中を東西に直線的に通っていたと推定されている（西海道の位置は川上秀秋氏の復原的研究を参考に記入）

町内を巡行します。四つ角に来ると、神主がお払いをして「おーい、ひとつ祝うてくれ」と言い、世話役は持っている堤灯を高くかざして「わーい、わーい」と応え、また神主の「もうひとつ祝うてくれ」の声に、再び皆で「わーい、わーい」と大声で応えます。こうして、旧萩崎村の区域を1周します。

神社の南側、通りを挟んで三萩野公園の北入口付近に「競輪発祥の地」の碑があります。第3回国民体育大会が福岡県で開催されることが決まり、旧小倉市が自転車競走を引き受けました。当時の小倉市長・濱田良祐は、国体の競技場をそのまま競輪に活用し、全国初の競輪事業を誘致しました。そして、昭和23年11月に第1回のレースが開催されました。

この三萩野公園から西側及び国道10号線を挟んで西側の黄金町には、古代条里の道がよく残っています。明治の地図を参照しながら探してみるのもお勧めです。また、この条里の間に、古代の都と地方を結ぶ幹線道路のひとつである西海道が通っていたと推定されています。

「競輪発祥の地」碑

Column

小倉裏線と足立停車場

　明治24（1891）年に開業した九州鉄道は、九州で最初の鉄道路線を開通した会社です。路線建設にあたり国に申請をしたところ、門司区新町から小倉に至る線路は海岸に接しており有事の際には艦砲射撃に遭う恐れがあるため、旧小倉城郭の南端を通る路線に変更するよう求められました。しかし、この変更は工事期間の延長及び経費増などを招くため、九州鉄道は、当初申請の海岸沿いを仮線路とすることで再申請し、全線落成期限内に南側の路線を敷設することを条件に認可されました。

　明治36年、旧東小倉駅付近から三萩野交差点を通り、紫川を渡り、南小倉駅付近までの路線が開通し、日露戦争が始まって2日後の同37年2月12日には、九州歯科大学付近を通り後の大蔵線（小倉－大蔵－黒崎間）に接続する路線が開通して、小倉裏線は全線開通となりました。また、この路線の駅として、中間地点にあたる三萩野交差点付近に足立停車場が設置されました。駅地3万5000坪、駅前広場180坪など、本線の小倉停車場をはるかに上回る規模の駅でした。全線開業日の翌日、日露戦争に出征する小倉城内の第12師団はこの停車場から乗車して長崎へ向かい、本線及び豊州線（後の日豊本線）を利用する乗客はみな足立停車場からの乗降となりました。

　しかし、兵員輸送が一段落した2月19日、一般乗客の乗降は行わないことになり、その後二度と賑わうこともなく、足立停車場はひっそりと姿を消しました。明治44年には大蔵線が廃止となったことから小倉裏線も順次部分廃止され、大正5（1916）年には全線廃線になりました。現在、足立停車場跡の跡地は商業施設となっています。

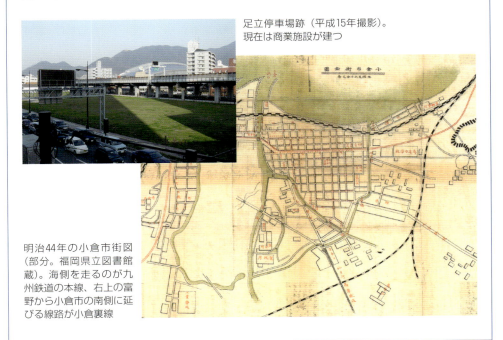

足立停車場跡（平成15年撮影）。現在は商業施設が建つ

明治44年の小倉市街図（部分。福岡県立図書館蔵）。海側を走るのが九州鉄道の本線、右上の富野から小倉市の南側に延びる線路が小倉裏線

昭和34年に完成した復興天守

11 全国第4位の大きさを誇る小倉城天守

　小倉城の本丸に立つと、北側に天守を挟んでリバーウォークのビル、東側は市庁舎を挟んで紫川と小倉の中心市街地、西側は板櫃川（いたびつ）が流れる低地、南側は公園を挟んで丘陵が続いているのを望むことができます。このように小倉城は北に海、東西を板櫃川と紫川に挟まれた、天然の要害地に立地しており、昔から城が築かれてきました。古くは文永年間（1264～75）に築かれたといわれていますが、確実な文献資料によると左表の通りです。

　現在の小倉城天守は、戦後米軍に接収されていた昭和31（1956）年頃から復元の運動が起こり、昭和33年8月に小倉観光株式会社が設立され、

永禄12（1569）年		小倉の津に毛利軍が平城を構える
元亀元（1570）年		筑前岩屋城主・高橋三河守鑑種が小倉城へ入城
天正3（1575）年		島津家久、小倉の町に着き、高橋殿の館一見
天正14（1586）年		毛利軍、高橋元種の小倉城を落城
天正15（1587）年		豊臣秀吉、島津攻めのため、小倉城に入城
		秀吉の重臣・毛利勝信が小倉城へ入城
慶長5（1600）年		細川忠興が中津城に入り、小倉城には弟の興元が入城
慶長7（1602）年		小倉城の大規模改築に着手
寛永9（1632）年		細川氏が熊本に移封され、小笠原氏が入城
天保8（1837）年		出火により天守と本丸を焼失
慶応2（1866）年		第2次長州戦争により小倉城自焼

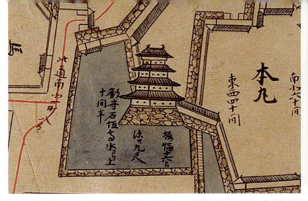

左:「豊前国小倉城絵図(正保城絵図)」に描かれた天守(国立公文書館蔵)
右:本丸御殿の礎石

　設計監修は当時東京工業大学教授であった藤岡通夫に依頼しました。江戸期の天守に破風はありませんでしたが、それがなければ天守らしくなく観光客も呼べないと小倉観光から強硬な要請があり、千鳥破風・大千鳥破風・唐破風を備える現在の姿になったといわれています。

　工事は、昭和33年12月に始まり、天守は昭和34年9月末に完成。また小倉市制施行60周年を記念して開催された「伸びゆく北九州小倉大博覧会」に間に合わせるため、引き続き着見櫓、馬繋舎、瓦葺き白亜の築土塀の工事を進め、昭和35年4月末に完成しました。なお、接収により市民の立ち入りは禁止されていましたが、昭和34年1月に解除されています。小倉大博覧会は、昭和35年3月20日から5月22日まで旧小倉陸軍造兵廠の建物を会場として開催され、小倉城は会場外施設として会期中25万人が訪れています。

　創建時の小倉城天守は、現在の天守から装飾の破風をすべてとった姿でした。外観は屋根が四重で、内部は5階ですが4階には屋根がなく、その上に載る5階が4階よりも張り出した「唐造り」という構造で、外側は黒塗りの戸板で覆われた、斬新でモダンな美しい城でした。また、広島大学の三浦正幸教授の研究によ

上:卍が刻まれた石垣。築城時にこの辺りの石垣を担当した薮内家の家紋であった／右:本丸への入口であった槻門。藩主や家老、公儀役人など限られた人だけが通行を許された

左：陸軍第12師団司令部の正門跡。明治32年に軍医部長として赴任した森鷗外も約3年間、馬に乗りこの門を通った

下左：岩松助左衛門の顕彰櫓。助左衛門は海上御用掛の時、白洲付近で多くの船が難破するのを見かね、自力で灯台づくりを始めた。明治5年に病死し、その翌年に灯台は完成した。

下右：中津口門の大石

ると、内部復元を行った結果、小倉城天守内部の広さは209坪で、江戸城、名古屋城、徳川期の大坂城に次いで日本で4番目の大きさであったことが判明しています。

本丸では、整然と並ぶ本丸御殿の礎石、井戸を見ることができます。そして本丸への入口である槻門脇の石垣には卍が刻まれた石があります。また、明治31（1898）年には本丸に陸軍第12師団の司令部が置かれ、現在も赤煉瓦造の門が残されています。

本丸から南側に1段下がった松の丸には、明治18年に第12旅団本部（後に第12旅団司令部に改称）が置かれましたが、明治29年の西部都督部設置により、二の丸御花畠跡（現松本清張記念館北側駐車場）へ移転しています。現在、同地には旅団司令部当時の門柱と、幕末から明治にかけ、藍島の西方約2キロの白洲（岩礁）の灯台づくりに一生を捧げた岩松助左衛門を顕彰する櫓が建っています。

本丸の濠を挟んで北側には北の丸があり、昭和9年に鋳物師町より移転してきた八坂神社が鎮座しています。境内には、県指定有形文化財となっている元和4（1618）年銘の石灯籠や、中津口門に使われていた大石があります。

その他、城の周辺には、北九州を代表する作家・松本清張を紹介する北九州市立松本清張記念館、森鷗外・林芙美子・火野葦平・杉田久女など北九州市にゆかりのある文学者の資料を展示した北九州市立文学館、小笠原氏の別邸であった下屋敷（御遊所）跡を復元した北九州市立小倉城庭園があります。

Column

森鷗外旧居

　明治の文豪・森鷗外の本業は軍医でした。文久2（1862）年に現在の島根県津和野町に生まれ、東京大学医学部卒業後、軍医の道を歩みます。日清戦争に従軍した後、近衛師団軍医部長兼軍医学校長に就任。そして8カ月後の明治32（1899）年6月、第12師団軍医部長として小倉に赴任しました。

　小倉赴任時の最初の住居が、鍛冶町に復元整備されている「森鷗外旧居」です。ここから小倉城内にあった師団司令部まで馬で通勤していました。2頭の馬を飼っていた馬小屋とその世話をしていた馬丁の部屋は、現旧居の裏でビルが建っているため復元されませんでした。

　この地区は、江戸時代まで武家屋敷が建ち並んでいましたが、幕末の長州戦争で被災し畑となっていました。家主の宇佐美房輝（ふさてる）は、この一角約320坪を購入し、延床56坪の住居を建て、その後森鷗外へ貸しています。道路に面して小笹の生垣があり、庭には鷗外居住時にあった夾竹桃（きょうちくとう）と百日紅（さるすべり）（白）の木がそのまま残されており、小説『鶏』に描かれている明治中期の町家の雰囲気を感じることができます。

　旧居の床の間には、『小倉日記』に出てくる、機械式計算機を発明し、動力航空機の発明を志していた豊前市出身の矢頭（やず）良一の死を悼んで遺族に贈った「天馬行空」の書が掛けられています。

　鷗外は、この家で1年6カ月過ごした後、現在小倉駅前広場となっている京町5丁目に転居しました。その後、判事・荒木博臣の長女・志げと再婚し、明治35年3月に帰京しました。

床の間に掛けられた「天馬行空」の書

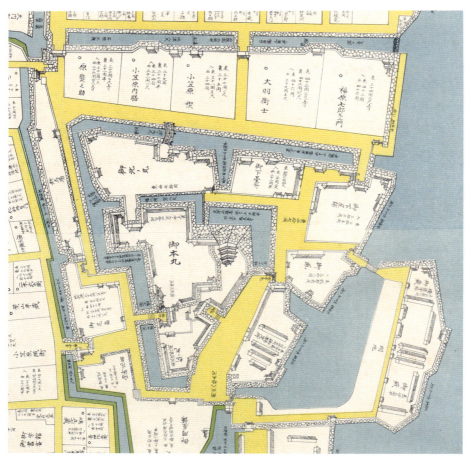

幕末の屋敷絵図（「小倉藩士屋敷絵図」部分、北九州市立自然史・歴史博物館蔵）

12 市役所北側敷地にあるモザイク画の謎

　江戸時代、小倉城天守のある本丸へ行くには、家老屋敷が建ち並ぶ二の丸（現在の大型複合商業施設リバーウォーク周辺）から入ることとなっていました。この本丸への通路部分には、重要な門や役所が配置されていました。まず、リバーウォークの南東側濠と紫川で囲まれた区画には二の丸の入口となる虎の門があり、正面には巨石を用いた鏡石が据えられました。門扉は直角に曲がった場所に設置されており、正面からは見えない、喰違（ちがい）虎口（こぐち）となっていました。門をくぐると左側は、幕末には藩主の遊所であった御下屋敷（おんしたやしき）が建てられていました。現在は、

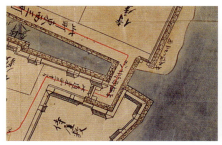

上:「豊前国小倉城絵図(正保城絵図)」に描かれた虎の門(国立公文書館蔵)
右:現在の虎の門跡。奥に建つビルは北九州市庁舎

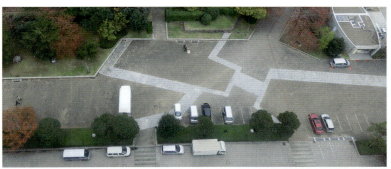

上:市庁舎16階の展望室から見える不思議な模様
右:発掘により現れた御蔵と御厩に通じる道の石垣。中央部分が桔橋。この橋と石垣の位置・形をタイルで表したのが上の写真

　当時の回遊式庭園を活かした小倉城庭園として整備されています。

　天守の東側に、現代の市行政の中枢部である市庁舎が建っています。5市合併時は、市の中心地である、現在交通公園がある中央公園付近に市庁舎を建てようとしていましたが、交通が不便なことと地下に坑道があることから、現在の勝山公園内に建てられました。

　この市庁舎16階にある展望室に上ると市内一円を見渡せますが、北側の広場に目を落とすと、地面に不思議な模様があるのがわかります。これは、発掘調査で判明した桔橋(はねばし)があった場所と、その前後

平成3年の地下駐車場建設に伴う発掘調査時の御厩跡(左)。調査の結果、東西約67m、南北約57mの範囲内にL字型の厩舎や厩役所の建物跡が見つかった。また上層部からは慶応2(1866)年の自焼時の焼土層も確認された。御厩は慶長7年に細川忠興が築いた石垣の上に建っていたが、その地下から、毛利元就が永禄12(1569)年に築いた石垣、その後小倉城主となった毛利勝信が天正15(1587)年頃に築いた石垣も発見された

江戸時代の建物の位置(写真は国土地理院ウェブサイトより)。
赤線は水際の石垣、黄線は役所などを区切る石垣を示す

の通路と石垣をタイルで示したものです。現在市庁舎が立つ場所は、江戸時代には「船入り(ふないり)」と呼ばれ、年貢米を船から積み下ろす船着き場があり、ここから東側の埋立地に造られた蔵に運び込んでいました。また、蔵に隣接して管理する役所・御蔵も併設され、本丸とは幅1丈2尺3寸(約3.7m)、長さ3丈1尺(約9.4m)の桔橋でつながっていました。この橋は、船が通航する時は跳ね上がる構造でした。

桔橋から左、御下屋敷の南側には、江戸時代の公用車でもあった馬の飼育管理を行う御厩(おんうまや)がありました。御厩から本

右:紫川沿いに残る御蔵の石垣

大手先門は本丸入口の大手門の先にあることから付けられた名称で、二の丸最後の門。発掘の結果、「小倉藩士屋敷絵図」のとおり、市庁舎側は「船入り」の海であることがわかった。下は市庁舎側の石垣

御勘定所南端の石垣

丸へ向かうと大手先門があり、現在も残る石垣にその面影を見ることができます。門を入ると「大手の勢溜(せいだまり)」と呼ばれた空間が広がります。有事の際にはここに多くの家来を集めることができました。また、広場の紫川側、現在議会棟がある場所には、財政や民政を担当する御勘定所があり、議会棟から南側の道路沿いに当時の石垣が残っています。また、本丸へは、勢溜の中央にある大手門から入っていました。

左：シーボルト『NIPPON』に描かれた常盤橋（福岡県立図書館蔵）。ケンペルの『江戸参府紀行』や伊能忠敬の『測量日記』にも常盤橋のことが記されている／右：現在の常盤橋

13 常盤橋と長崎街道

　小倉の中心部を流れる紫川に架かる常盤橋は、江戸時代初期に東曲輪（小倉駅側）を城下町として開発した時、以前からの城下町である西曲輪（リバーウォーク側）とを結ぶ橋として設置されたといわれています。当初は大橋と呼ばれていましたが、元禄年間（1688〜1704）には常盤橋とも呼ばれるようになったといいます。「小倉の五街道」と呼ばれた長崎街道、中津街道、秋月街道、唐津街道、門司往還のすべてがこの橋につながっており、参勤交代の諸大名、長崎奉行、オランダ商館長なども利用した非常に重要な橋でした。

　以前は橋の基礎が木柱であったため老朽化が早く、大雨のたびに流されていましたが、江戸時代後期（1800年代初頭）、当時としては珍しい石柱に替えられ非常に強くなり、補修や維持も容易になりました。

　常盤橋の左岸北側には船着場があり、筑前門口から小倉城下に入った人々は大門、室町を経て常盤橋を渡り、東曲輪の宿屋で潮待ちをし、再び常盤橋を渡って下関行きの船に乗るのが通常のコースだったようです。

　常盤橋から西側の旧街道筋に昭和4(1929)年に建てられた小倉県庁の址碑があります。小倉県は明治4（1871）年に旧豊前国を管轄するために設置された行政機関で、街道沿いに庁舎がありましたが、明治9年に福岡県に合併されたため、廃止となりました。

　碑から右側の駐車場越しに木造2階建ての建物が見えますが、これが明治23年に改築された小倉警察署の建物です。県内最古の庁舎建築として平成24（2012）年に登録有形文化財（建造物）となっています。もともと小倉県庁舎として使用されていた建物の部材を利用し、室町通

左:保存展示されている船着場跡／上:文政年間(1818～30)に造られた常盤橋の石柱

上:室町地区で出土した遺物の展示スペース。街道沿いのマンションの1階にある／右:旧小倉警察署。もともとの建物の裏側に玄関が新設されている

り沿いに改築されたことが棟札などから判明しました。警察署は昭和3年に庁舎を新築して移転し、この建物は警察医に払い下げられ、現在地に曳家(ひきや)されました。当時の写真と比較すると、もともとの建物の裏側に医院の玄関が新設されたことがわかります。

　元の街道筋に戻り歩を進めると、2車線の道路を横断しますが、この通りが旧小倉駅前通りで、突き当たりのヤマダ電機が旧小倉駅の跡です。さらに街道筋を進むと、この室町地区で発掘された中世小倉鋳物師(いもじ)の遺物や、江戸時代の庶民の暮らしぶりを髣髴(ほうふつ)とさせる便器・キセル・食器などの生活用具が高層マンション1階の街道側に展示されており、誰でも無料で見学することができます。

　さらに進むと西小倉駅に通じる清張通りに当たりますが、ここには江戸時代に大門と濠がありました。発掘された石塁が歩道下に展示されており、透明板越しに見学できます。

　近くのリバーウォークには全国でも珍しい地図専門の資料館「ゼンリン地図の資料館」があります。ここからは、歩いてきた常盤橋から街道筋を一目で見渡せます。

清水寺

14 小倉城裏鬼門の長崎街道を歩く

　長崎街道は、古代から使われてきた官道をもとに江戸時代に整備された九州唯一の脇街道です。オランダ・中国との貿易拠点の長崎と、環瀬戸内海圏の北西端の流通拠点である小倉を結んでいます。

　小倉に本拠を置く大名は、環瀬戸内海圏の流通を円滑ならしめるのと同時に、島津・黒田ら外様の大大名が居並ぶ西南雄藩を抑え込む役割も担っていました。そんな小倉藩にとって、城下西南に延びる長崎街道は最重要の守りの要でした。その役割の一端を担ったといわれるのが、真言宗青龍山観音院清水寺です。

　小倉城から旧長崎街道を歩くと、やがて南小倉駅に行き当たります。その横を抜け、新栄会病院の手前から旧長崎街道に戻るとすぐに清水寺が見えてきます。清水寺の歴史は古く、大宝年間（701～04）に観仟僧正によって開かれたといいます。小倉城築城の際に現在地に移り、

左：水かけ地蔵尊（九州歯科大学裏付近）／右：かつては小倉城下にあったという大満寺

左:日本製鉄八幡製鉄所の木町取水ポンプ所。ここで紫川の水を汲み上げている／右上:日本製鉄八幡製鉄所の埋設導水管専用のマンホール(清水付近)／右下:九州歯科大学構内。大学棟と病院棟の間のキャンパス内道路の下を日本製鉄八幡製鉄所の埋設導水管が通っている

裏鬼門除け祈禱寺として御堂を再建したと伝えられています。幕末の長州軍による企救郡占領時に一度焼失しますが、明治時代に再建されました。弁天池を備えた山全体が「お寺のテーマパーク」のような造りをしており、周辺の地名も弁天町、清水など、清水寺を意識したものになっています。

　清水寺から西に歩いていくと、お寺や地蔵尊があまりに多いことに気づくでしょう。「水かけ地蔵尊」のように、もともとその地にあったものに加え、戦時中に数多くの寺社仏閣が疎開してきたためです。本就寺・法輪寺・大満寺などはもともと小倉城下にあったとのことです。本就寺には、豊臣秀吉が食事をしたという「太閤膳」も残されています。

　また、この長崎街道の下には、実は日本製鉄八幡製鉄所の導水管が埋設されています。木町の専用ポンプ場から汲み上げて送っているのです。真鶴から金鶏町にかけては、長崎街道が水かけ地蔵のある山側に向かうため導水管から離れますが、九電金鶏町変電所の辺りで再び合流します。ちなみに導水管は一時、九州歯科大学の真鶴キャンパスにぶつかり、その下を潜り抜けていきます。導水管が走っている道路には写真のようなマンホールが設置されています。

　なお、長崎街道は、九州歯科大学真鶴キャンパスの裏をすり抜け、泉台小学校に向かっていきます。この道路には「長崎街道」と書かれたプレートが埋め込まれています。

愛宕山を切り崩した河川域（菜園場付近）

15 板櫃川付け替えの痕跡

　板櫃川は、福智山系から八幡東区大蔵・小倉北区到津を経て平松に至る二級河川です。板櫃川流域は古代より日本の流通基盤を担ってきた環瀬戸内海圏の北西端に位置し、大陸から瀬戸内海への入口にあたる関門海峡に流れ出る重要な川でした。奈良時代の天平12（740）年に起こった藤原広嗣の乱において、大宰府で挙兵した藤原広嗣に対し朝廷側が返り討ちにした「板櫃川の戦い」が行われたことで有名です。

　やがて江戸時代、豊前国を拝領した細川忠興は板櫃川を西の濠と見立てて小倉城を築城し、城下町を整備して西への備えとしました。この時から板櫃川は都市河川として利用されるようになり、小倉の都市整備のたびに治水土木工事の対象となっていきます。

　中でも最大のものが、昭和9（1934）年に完成した下流整備事業です。それまでの板櫃川は愛宕山の東側（現在の北九州都市高速3号線高架下の青葉周辺）を流れ、愛宕山の麓に沿うように平松の河口に流れ込んでいました。それを下到津で西に曲げ、愛宕山の西側の山を切り崩して平松の河口までほぼ直線で流れるように付け替えたのです。

　これは当時、日本の重工業の発展に伴って成長著しかった関門北九州経済において、小倉市の都市基盤の近代化と生産増強に伴う工場用地の拡大を企図した措置だったと思われます。その証拠に周辺には古くからの工場や燃料基地が林立しており、往時を偲ばせます。また、付け

上：板櫃川河川移遷地（下到津付近）。人工的に西側に曲げており、曲げ始め部分の堤防（写真右側）が周囲のものよりも高くなっている

右：写真正面の道路の方向に元の板櫃川の流れがあったと思われる。明らかに地盤が真っ直ぐ下っている

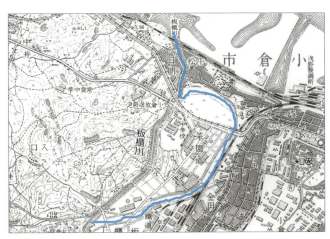

陸地測量部作成の旧八幡市の地図に描かれた板櫃川河口付近（昭和11年）。青線は付け替え前の板櫃川の流れ

替え以前の河川について、その後の区画整理や嵩上げなどによってわかりにくくなってはいますが、写真のように地盤の高低差や堤防にその痕跡を見て取れる所もあります。

なお、近年の板櫃川は「ラブリバー整備事業」によって、水辺で憩える河川づくりがなされています。天気の良い時は、堤防の下に降りて河川傍を散歩してみるのもお勧めです。

16 極楽橋はもともと地獄橋だった

　小倉北区日明(ひあがり)は、幕末の慶応(1865〜68)以前は干潮時に干潟になるので干上村ともいわれました。

　日明浜処刑場は、文政3(1820)年、儒学者・上原与一ら9名が処刑された場所です。上原らは、藩主・小笠原忠固(ただかた)を出世させようと賄賂を贈り、藩の財政を窮乏させた小笠原出雲の暗殺を企てました。しかし、暗殺は失敗に終わり、上原を含む約360人は黒崎に脱国しました。これを幕府が知ったため、この日明浜で処刑しました。黒崎に脱国した人を「黒」、小倉にいた人を「白」として、後にこの事件を「白黒騒動」というようになりました。

　板櫃川(いたびつ)河口の平松と日明地区の間に極楽橋という橋があります。江戸時代、罪人は市中引き回しの上、この橋を通って日明浜処刑場に向かいました。そのため「地獄橋」と呼ばれていましたが、明治以降はあえて逆に「極楽橋」と呼ぶようになりました。極楽橋を渡り処刑場へ行く途中に、小倉城と反対の方向を向いた地蔵尊があります。その台座には、「天明七丁未歳(1787年仲冬11月)」「心光寺義誉上人弟子簾誉盤哲」と彫り込まれています。処刑された上原ら9名の弔いのために作られたものです。

　日明3丁目に立つ六地蔵については次のような話があります。日明の漁師の娘の一池妙蓮信女(法名)は、日明小町と呼ばれるほど美人だったそうです。小倉藩の重臣に見染められ嫁いで6人の子供を産みましたが、夫の正妻が嫉妬し、郎党を使い妙蓮を木に縛りつけ、6人の子供を撲殺しました。それを見た妙蓮は発狂し、池で入水自殺をします。昭和3(1928)年に近所の人たちが6人の子供の霊を供養するために阿弥陀如来と六地蔵を建立。妙蓮の墓は漁村内にありまし

左：日明浜処刑諸霊塔／中：極楽橋（地獄橋）／右：首切り地蔵

左：一池妙蓮信女の墓／右：六地蔵

右：日明一本松塚古墳。左の道路の下に石室が残る

下：放射線状文様のある日明一本松塚古墳石室（北九州市教育委員会提供）

日明一本松塚古墳出土の須恵器（左）と馬具（北九州市立自然史・歴史博物館蔵）

たが、無縁となって民家の踏み石になっていました。その民家で不幸が続いたため原因を調べたところ妙蓮の墓石だと判明し、六地蔵のそばに祀られることになりました。

　この六地蔵の近くに、北九州市内唯一の装飾古墳である日明一本松塚古墳があります。墳丘の上を道路が通るため著しく変形していますが、径15m前後の円墳と推定されます。石室は南に開口する複室の横穴式石室で、道路南側の民家の横から道路の下に石室がある、保存上問題のある古墳です。奥の遺体を納める部屋の壁の石に、赤色顔料（ベンガラ）で放射線状文様を描いており、中から刀や矢尻、鉄斧、ガラス小玉、金銅製耳環、金銅製雲珠など馬具類が豊富に出土しています。市の文化企画課（☎093-582-2391）へ電話をすることで石室内の見学も可能です。

境川河口に建つ国境石。実物は北九州市立自然史・歴史博物館に展示されている

17 国境の丘にあった小倉の文化サロン

中原市民センターで屋外展示されている国境石の控石。河口にある国境石が流失した時に備えて、その所在地を刻んだ控石が2カ所に設置されていた。もう1つは北九州市立自然史・歴史博物館に保管されている

　戸畑区との境で、かつて筑前と豊前の国境でもあった境川のほとりに国境石が建っています。

　江戸幕府は国境を明確にするため、元禄10（1697）年に正保国絵図の大改定を命じますが、これを契機に各地で内在していた国境争いが一気に噴出しました。筑前・豊前間でも両国の境目奉行や郡奉行などの話し合いが行われ、元禄13年、筑前国箱崎で協定を結びました。確定した国境には、目印に松の木を植えたり、木杭を建てたりしましたが、次第に恒久性の高い石に替わり、それも自然石から切石、そして文字を彫るようになっていきます。

　境川に隣接する中原の櫓山には、小倉藩の堺鼻見張番所がありました。大正9（1920）年、この番所跡の丘に、

左：櫓山／右：回遊式の庭園跡

　大阪の実業家・橋本豊次郎が、自ら設計して洋風3階建ての「櫓山荘」を建てました。広い敷地には、テニスコートや回遊式の庭園、屋外ステージが建設され、現在でも丘の上に残る階段などから当時の面影を辿ることができます。

　この豊次郎の妻は、戦後の女流俳人の第一人者と言われる橋本多佳子です。大正11年、この櫓山荘で開かれた虚子歓迎句会で高浜虚子が詠んだ「落椿投げて暖炉の火の上に」の一句に感動し、俳句に心ひかれるようになりました。多佳子はこの句会で、虚子門下の花形女流俳人・杉田久女と出会い、その後、久女の指導を受けて俳句を始めることになりました。

　昭和4（1929）年、橋本家は豊次郎の父の死去に伴い大阪に転居しましたが、櫓山荘は昭和14年に橋本家の手から離れるまで別荘として使用されました。その間、里見弴、久米正雄、宇野浩二など多くの著名人や文化人が訪れ、小倉の文化サロンとなっていました。

　また、櫓山と境川に挟まれた砂州には、かつて捕虜収容所がありました。昭和18年12月に設置された中井浜連合軍俘虜収容所です。捕虜は日本製鉄八幡製鉄所構内で荷役作業などに従事させられました。終戦時の収容人員は1195人（米616人、蘭211人、英193人、印132人、中22人、葡9人、豪3人、他9人）で、収容中に158人が亡くなっています。

　収容所は昭和20年9月に閉鎖され、建物は中国、朝鮮半島からの引揚者用住宅に転用されました。なお、八幡製鉄所では捕虜のためにクリスマスパーティを開催するなど、その待遇には気を遣っていたといわれています。

大正9年頃の櫓山荘（北九州市立文学館提供）

赤煉瓦と鉱滓煉瓦で造られた倉庫

18 赤煉瓦倉庫群が眠る馬島

　小倉港から市営渡船で20分、小倉北区浅野の北方約10kmに位置する馬島は、福岡県の有人島の中では一番小さな島です。江戸時代の初めには小六連島(こむつれじま)と呼ばれていましたが、これは島の北東約300mに位置する六連島(下関市)より小さいために付けられた名称で、間の海峡が県境となっています。また、馬島の名の由来については島の形が馬に似ているとか、馬の牧場が昔あったとか諸説あります。

　さて、この島の面積は約0.26km²で藍島(あいのしま)の4分の1の大きさですが、歴史は市内の島では最も古く、約6000年前の縄文時代前期初めの土器、弥生時代前期・中期後半の土器、そして古墳時代中頃から生産が始まった須恵器の初期型式の高坏(たかつき)などが採取されています。

　江戸時代の享保元(1716)年、北九州沖に度々来航する密貿易船対策として、小倉藩は既設の藍島番所を増築するとともに、馬島に遠見(とおみ)番所を新設し警戒体制を強化しました。その結果、享保3年には、馬島から上がる狼火(のろし)を合図に、小倉・福岡・長州の3藩合同による密貿易船の打払いが行われています。港の西側に

「天保国絵図　豊前国」に描かれた馬島(国立公文書館蔵)。遠見番所が描かれ、人家7軒とある

左：倉庫群への入口となる鉱滓煉瓦造のアーチ門
上：赤煉瓦に刻まれた松葉菱

上：大山祇神社。港近くの丘の中腹にある
右：遠見番所があったと見られる丘

小高い丘がありますが、地元では番所山と呼ばれており、山頂かその麓に遠見番所があったと思われます。

また、幕末の慶応2（1866）年の第2次長州戦争では、小倉藩は田野浦・大里と侵攻する長州軍を大里新町付近で食い止めたものの、7月25日、長州軍の攪乱作戦で馬島の家々は焼き払われました。明治維新を迎えるに当たっての悲惨な歴史の一コマに巻き込まれてしまった馬島ですが、現在ではのどかな風景が広がり、「あかもく」や「わけぎ」の生産地として知られています。

渡船で港に着き待合所に歩いて行くと、猫が迎えに来てくれます。最近はこの猫を目当てに島を訪れる人も多いようです。港の周囲に集落があり、その中心の小高い丘の中腹に宝永6（1709）年に再興された大山祇神社が奉られています。

港から西側の海岸伝いに島の北西端に行くと、一つひとつが屋根の高さまである大きな土塁に囲まれた、赤煉瓦と鉱滓煉瓦からなる倉庫5棟が林の中に眠っています。赤煉瓦には松葉菱の刻印があることから、香川県観音寺市にあった讃岐煉瓦で製造されたもので、明治末から大正期のものと見られます。また、各倉庫には避雷針を設置したと思われる石柱や水槽があることから、火薬庫または弾薬庫に使用されたものと考えられます。

19 史跡の宝庫・藍島

　近年は猫の島としても知られるようになった藍島は小倉北区浅野の北方約12kmの響灘に浮かぶ島で、小倉港から市営渡船に乗れば約35分で着きます。

　元和4（1618）年、長門国向津浦の海士であった両羽十右衛門が、小倉藩主・細川忠興に領内での海士業を願い出て、当時無人島であった藍島へ入島し漁場を開拓したのが定住の始まりといわれています。それ以前の入島の記録はなく、またこれまでの調査で古墳時代の遺跡は発見されていますが、その前後の縄文・弥生時代や中世の遺跡は発見されていません。つまり、古墳時代の6世紀前半から後半にかけてのわずか数十年間、突如人々が住んだかと思うと、その後約1000年間は無人のままであったことになります。

　古墳時代のこの付近について記したものに『日本書紀』があります。仲哀天皇が神功皇后とともに筑紫に向かった時、岡県主の熊鰐が迎えに出て魚塩の地を献上しました。この魚塩の地として書かれている没利嶋、阿閉嶋、柴嶋が、現在の六連島（山口県下関市）、藍島、白島（男島・女島、若松区）にあたるとされています。また、神功皇后が新羅出兵に際し、最初に吾瓷海人烏摩呂を渡航させたとあります。この吾瓷海人烏摩呂こそ、吾瓷島に拠点を置く海人・烏摩呂の意味で、藍島の海人と推定されています。6世紀の一時期だけ人々が住んだのは、複雑な朝鮮半島情勢に対応した大和朝廷の政治的かつ軍事的必要性から生じたことだったのでしょう。

左：「天保国絵図　豊前国」に描かれた藍島（国立公文書館蔵）。「人家有」の文字が見える
下：平坦な藍島の全景

藍島全体図

貝島
姫島
藍島砲台跡
深えだ採石場跡
遠見番所旗柱台
荒神社
御茶屋跡
伍社宮
藍島漁港
瀬ヶ崎採石場跡

上：島の至る所で猫と出会う／右：御茶屋跡の古井戸

下左：伍社宮／下右：荒神社。昔は島外から参拝に訪れる人もいたという

　港のすぐ近くに伍社宮があり、神功皇后とその子・応神天皇、そして住吉三神を祀っています。藍島はもともと、小倉で最古の歴史を持つ蒲生八幡神社の氏子ですが、島神として伍社宮を祀っています。

　港がある本村には、藩主が来島した折に休憩する場所として御茶屋が設置されており、日頃は遠見番所に勤務する役人が使用していました。現在も古井戸が残っていますが、この井戸の水のみがお茶の水として使用されたといわれています。

　瀬ヶ崎の丘陵の先、若松の工場地帯を望む海岸の岩場は、江戸時代の砂岩の採石場です。石を割る時に彫った矢の跡が大規模に残っています。

　島の中央部、大泊集落の高台に荒神社があります。ヤマタノオロチを退治したスサノオノミコトと、住吉荒魂神を祀っています。この住吉荒魂神は、下関市にある長門国一の宮の住吉神社の祭神と同じです。

左：瀬ヶ崎採石場跡／右：遠見番所旗柱台。瀬戸内産の花崗岩製で高さは約2m

左：白洲灯台。島の西方約2kmにある岩礁・白洲に建っている／右：藍島砲台の砲座

　島中央部の高台からは白洲灯台を望むことができます。長浜浦の庄屋で後に海上御用掛となった岩松助左衛門が独力で建設に着手し、彼の死後、明治政府がそれを引き継いで明治6（1873）年に初代の木造灯台が完成しました。その後、明治33年に上部は鉄造、下部は石造に改築されました。

　島の中央には遠見番所旗柱台があります。江戸時代の宝永2（1705）年から中国の密貿易船が盛んに響灘に出没したため、幕府はその取り締まりを小倉・長州・福岡の3藩に命じました。小倉藩では、門司の葛葉と小倉の馬島、藍島に遠見番所を設置して警備にあたりました。藍島の旗柱台は享保6（1721）年4月に建てられたもので、密貿易船を発見すると小笠原家家紋・三階菱紋入りの大旗を掲げ、中原の堺鼻見張番所に急報しました。昭和44（1969）年には県の史跡に指定されています。

　島の北側には砲台の跡もあります。太平洋戦争中、下関要塞重砲兵連隊第1大隊第5中隊が三八式野砲を2門設置していましたが、昭和18年6月には角島（下関市）へ移しました。現地には砲座、塹

深えだ採石場跡。「十三」と刻まれた石（左）や建物の基礎石も転がっている

左：潮が引いて陸続きとなった貝島／右：地表に露出した貝島古墳群の横穴式石室

壕、軍用道路などが残っています。

島の北東部、姫島を望む深えだから千畳敷にかけての岩場でも広範囲に砂岩を採石した時の矢の跡が残っています。瀬ヶ崎から千畳敷まで、島の東側の岩場の数カ所で採石が行われていました。

島の北側、約300ｍ沖には貝島が浮かんでいます。長さ約100ｍ、面積約4000㎡の無人島ですが、大潮の日には藍島と陸続きになり歩いて渡ることができます。島の海岸には二枚貝を中心とする貝の化石が無数にあり、「貝島」の名にふさわしい環境となっています。

島の開発に伴う調査で13基の古墳が発見され、貝島古墳群と呼ばれています。発掘調査が行われた3基の横穴式石室は、玄室へ至る羨道部が形骸化され、また玄室の高さが極めて低いのが特徴で、築造年代は6世紀前半から後半と考えられています。また、豊富に出土した銛頭や釣り針などの鉄製漁労具は、全国的にも珍しいものです。ここに葬られている海人族は、古代日本の外交や軍事に深く関わっていたと考えられています。

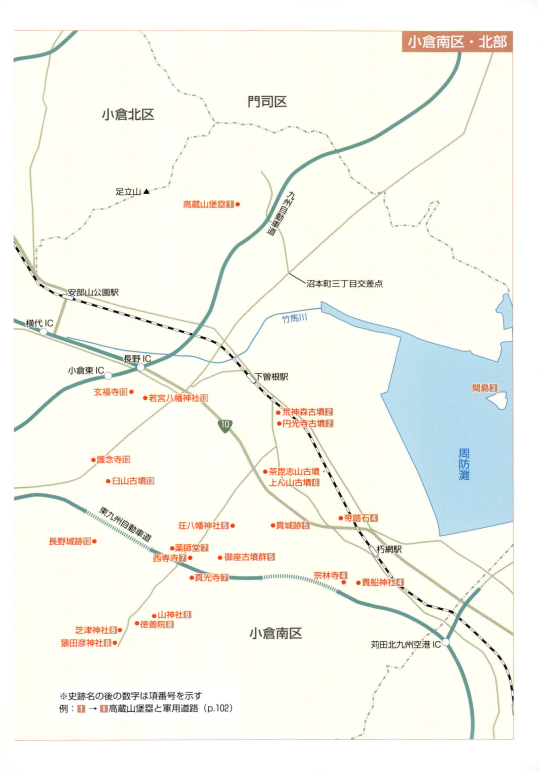

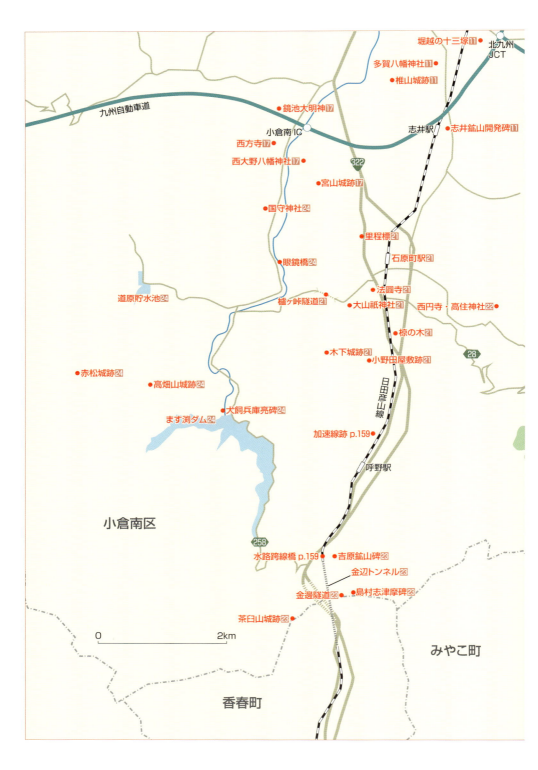

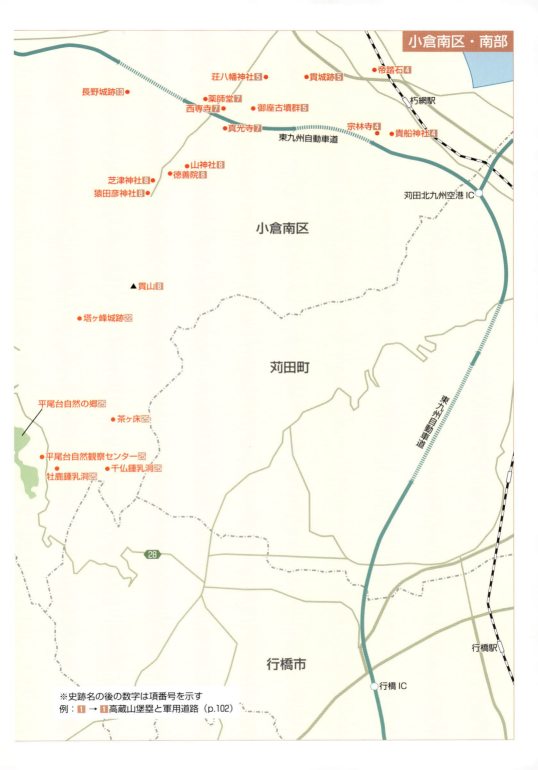

高蔵山堡塁の倉庫群

1 高蔵山堡塁と軍用道路

　高蔵山堡塁は、下関要塞の最後の要塞として、日清戦争後の明治32（1899）年2月に起工し、明治33年12月に竣工しました。富野堡塁北東の谷間から足立山

麓の沼から望む高蔵山堡塁（矢印の位置）

山系を山越えする馬車道を開設し、小倉南区沼の高蔵山8合目の肩部に、関門海峡ではなく周防灘から上陸してくる敵に対して攻撃するために構築されています。小型要塞砲が配置されていましたが、明治末期には要塞整理で廃止され、砲音を一度も響かせることなく短い生命を終えています。

　現地へは沼本町三丁目交差点から山側に入り、「高蔵山森林公園」に向かい企救自然歩道への山道を歩くと当時の軍用道路に出ます。これを沼方面に行くと突如広場に出て、真正面に横一列に並ぶ八連の重厚な堡塁倉庫群が現れます。赤煉

明治期の下関要塞の砲台・堡塁配置図

下：砲座／右：半地下倉庫／右下：富野方面へ延びる軍用道路

　瓦とコンクリートの組み合わせが美しく荘厳な景観です。内部は相互に通路でつながり、冷気が流れ、長年の間に鍾乳石もできています。周辺の雑木林の中には砲座の他、半地下倉庫や貯水槽など各種の遺構を見ることができます。

　また、当時の軍用道路にも、谷への転落を防ぐため、石で造られた柱が等間隔で建てられていたり、馬の水飲み場が設置されていたりします。ほぼ当時のままの原形を留めている存在感に、時が経つのも忘れてしまいます。ぜひ一度は見ておきたい戦争遺跡です。

2 砂と海水で築かれた希少な古墳

　荒神森古墳・丸山古墳・円光寺古墳の3基の前方後円墳は、海に面する砂丘上に造られています。これら3基の古墳は、砂に海水を混ぜながら叩き締めて盛土をしており、当時最新の土木工事がよくわかる例で、全国でも大変珍しい古墳です。わざわざ砂丘上に築造したのは、おそらく在地豪族の茶毘志山古墳や上ん山古墳を築く丘陵を避けて、周防灘を通る船ににらみをきかせるためだと思われます。

　『日本書紀』安閑天皇2年に、「大抜屯倉」という倉庫を設置したと書かれています。これは奈良にある正倉院のように、いざという時のための食糧や武器、資財を保管する倉庫です。この倉庫を管理する長官の墓が、砂丘上の3基の前方後円墳です。

　荒神森古墳は全長72mで曽根平野最大の前方後円墳です。被葬者がヤマト政権から派遣された長官であったため、在地豪族の古墳よりも大きく造られています。また、在地豪族の墓には周濠を巡らしませんが、この荒神森古墳の周囲には濠を巡らしています。さらに、人物や馬などの形象埴輪を樹立していました。

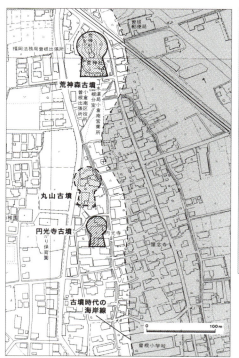

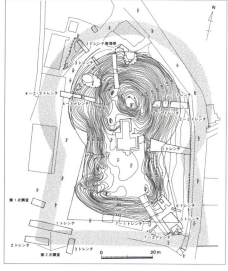

左：荒神森古墳・丸山古墳・円光寺古墳の位置図（北九州市埋蔵文化財調査報告書第356集『円光寺古墳』〔北九州市芸術文化振興財団埋蔵文化財調査室、2006年〕より）／上：荒神森古墳実測図（北九州市文化財調査報告書第113集『荒神森古墳2』〔北九州市教育委員会、2007年〕より）

上：荒神森古墳。左手が後円部、右手が前方部
左：荒神森古墳出土の人物埴輪（北九州市教育委員会提供）

円光寺本堂横の庭が円光寺古墳の後円部にあたる。寺を囲む柵のカーブ（円弧）が後円部の墳裾ラインを表している

　丸山古墳は全長約50m以上の前方後円墳で、曽根郵便局を建てる時に見つかりました。郵便局の下から円筒埴輪がたくさん見つかっています。

　円光寺古墳は全長42mの前方後円墳で、円光寺の境内にあります。馬形埴輪、家形埴輪、猪形埴輪などが出土しています。

　これら荒神森・丸山・円光寺の3基の前方後円墳はいずれも海浜砂堤上に造られており、盛土も粘土や土ではなく、分析の結果、海水生種と淡水生種の混じった珪藻（けいそう）が見つかっています。つまり、この辺りの砂を使い、海水と混ぜ合せて盛砂していたことがわかりました。さらに円光寺古墳では放射状に砂粒の大きさを変えて盛砂をしており、砂粒の摩擦を利用して、海水に含まれる塩分で固形化していったものと思われます。九州では初めて、全国で2例目の発見です。

間島全景

3 大潮時にだけ現れる道を伝って間島へ

　間島は曽根新田の沖合い約1.5km、周防灘に浮かぶ周囲約1kmの小さな島です。大潮時には歩いて渡ることができますが、戻ってこれなくならないよう潮の時間に注意しましょう。

　島には南北2つの山があり、その鞍部を中心に12基の古墳が確認されています。いずれも直径6～10m前後の小円墳です。

　間島1号墳は単室の横穴式石室で7世紀初頭頃の古墳です。島の中央部にある谷間に向かって開口し、玄室（遺体を寝かせる部屋）の長さ1.95m、幅1.3m、高さ1.7mの小型のものです。玄室入口部は左右両袖で、北部九州の一般的な石室です。小型の石材を用いており、一見、6世紀前半頃の古そうな石積みですが、上下の石が重箱のように積まれていることから6世紀末～7世紀初頭頃のものだと考えられます。

　対岸に所在する60基以上の下吉田古墳群と比べ、築造数も少なく、小型の円墳が多いことから、下吉田古墳群は大抜屯倉（6世紀前半の安閑天皇の時に設置されたヤマト政権直轄の役所）に関わる軍事集団の墓であるのに対し、この間島古墳群は地元の海での漁や水先案内を生業とし、いざという時には軍事に駆り出された小集団の墓であったと思われます。663年の白村江の戦いでは、彼らも船を操舵して朝鮮半島に赴き、百済・

間島古墳群
左・上：1号墳の石室入口と内部の様子
下2枚：3号墳（左）と6号墳の石材

日本連合軍の兵士として唐・新羅連合軍と戦ったと考えられます。

　幕末期に企救郡の大庄屋を務めた中村平左衞門の著書に『郡典私志』があります。その中に「曽根の真島で小倉城のために石を切らせ、船で小倉へ運べと申されたことを覚えている」と書かれており、間島（あるいは馬島）から小倉城の石垣用として石を運んだことがわかります。

　間島の石切り場は北側の海岸にあります。花崗閃緑岩が転がり、その中にはくさびの痕跡があるものや一部が割れたものなどもあります。ここで切り出した石を船に載せ、関門海峡を通り、小倉の津まで渡った後、紫川を少し遡上して小倉城に到着します。小倉城の石は間島だけではなく、小倉北区の足立山や藍島からも切り出されていました。

海岸に放置された、矢穴の残る石

帝踏石

4 景行天皇伝説の巨石

　JR朽網駅に降り立つと、駅から東側が昔の海岸線ですが、江戸時代以降の干拓や埋め立てにより、現在海を臨むことはできません。駅から西側の山側に沿って、古くは縄文・弥生・古墳時代の遺跡が点在し、特に古墳時代の須恵器の窯跡は有名です。そして、奈良・平安時代になると、南西にある水晶山山麓に多くの窯が築かれ、豊前における須恵器の一大生産地として発展しました。

　さて、現在見ることのできる史跡として、駅の北側、朽網西2丁目の住宅地の中に帝踏石といわれる大石があります。景行天皇が、景行12年の土蜘蛛討伐の時、この岩の上で戦勝祈願したのでその名がついたといわれています。なお、土蜘蛛とは天皇に従属していなかった部族の蔑称です。この石は花崗岩の一枚岩ではなく4、5個の大きな塊が連なっており、中央の岩の上に昭和8（1933）年に建てられた石碑があります。この神聖な石にも石割のための矢跡が数カ所穿たれており、一部の石は実際に割られ運び出されています。

　朽網駅の南側に流れる朽網川の谷筋には貴船神社があります。太古に貴船大神が船で来田見浦に着き、現在社殿がある丸山の東麓に船をつなぎ、この山の山頂に住んだのが始まりとされ、その後社が造られ、来田見村の産土神となったと伝えられています。拝殿には細川氏の九曜紋が刻まれていることから、社殿は細川忠利によって建立されたものと考えられています。また、境内には神が乗ってきた船が石になったと伝わる船石があります。

　神社の西側の谷奥には、宗林寺があります。その前身の宗源庵については、

上：貴船神社
右上：貴船神社拝殿の九曜紋
右下：貴船神社境内にある船石。帝踏石と同様に花崗岩で、石割のための矢跡が残る

左：宗林寺の宝篋印塔や五輪塔／右：発掘調査時の朽網城跡（平成15年7月）

　『太宰管内志』に永正3（1506）年、朽網領主・松野中務大輔が開基したと記されています。境内には、東九州自動車道の建設に伴い発掘調査された宗林寺墓地の宝篋印塔（ほうきょういんとう）や五輪塔などが移設されています。これらはもともと、寺から西側へ100mほど登った山中にあり、室町時代後半に造られたものです。石塔の下には、木製の棺に遺体を納めた土葬の墓や、火葬の墓が設けられ、素焼きの皿や六道銭が副葬されていました。これらのことから、墓に葬られた人々は、中世末期の在地武士や僧侶などの有力者層だと考えられています。なお、この中に松野氏の墓といわれているものもあります。

　寺の西には、標高約50mの丘陵に築かれた室町時代後期の朽網城がありましたが、東九州自動車道建設で削られてしまいました。全長約48m、幅約24mの狭い範囲に2つの曲輪（くるわ）と一条の堀切（ほりきり）からなる非常に小規模な城で、砦のようなものだったと考えられています。

荘八幡神社の入口（左）と境内の鈴石

5 阿蘇山大爆発で飛んできた大岩

　荘八幡神社の周辺には御座という地名が残ります。平安時代初期の貞観元（859）年、宇佐八幡宮から、京都山城の男山にある石清水八幡宮に勧請する時に、この地にあった大石「鈴石」の上に御神輿が一夜駐輿されたことから「御座」と呼ばれるようになりました。そしてこの地に神社が創建され、鈴石八幡宮と呼ばれていましたが、のち正八幡神社となり、さらに荘八幡神社に改称されました。

　今も境内にある鈴石は阿蘇山の大爆発で飛んできた岩といわれていますが、定かではありません。しかし、周囲には大爆発時の火山灰が堆積しています。また、この石には不老長寿の石長比売が宿っているとされ、陽石（男石）と陰石（女石）で一体になっていることから、縁結

松尾神社（左）と、景行天皇が手を洗ったと伝えられる天皇井跡

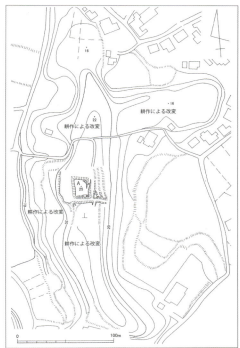

貫城縄張図。城跡は現在、農地（畑）として利用されている

（上から）貫城中心区域と見られる場所の台地、台地南側の掘り込み、貫氏の墓

び、夫婦和合などのご利益があるとされています。

　すぐ近くにある松尾神社は、第12代・景行天皇が土蜘蛛退治の途中に寄った際に創建されたと伝わりますが、定かではありません。江戸時代の慶安元（1648）年に、小倉藩主の小笠原忠真が鷹狩りの途中、祠にお参りしたところ獲物が多くとれ、さらに翌2年に忠真が目を患った時にお参りしたところ、たちまち治癒したので社殿を造営したと伝えられています。境内には景行天皇が手を洗ったとされる井戸があります。日豊本線沿いには他にも、景行天皇が立ち寄ったとされる所が点々と残っています。

　松尾神社から東に位置する舌状台地（標高20〜30m）に貫城の跡があります。応永年間（1394〜1428）には貫掃部介が城主だったと伝わります。お城の遺構や範囲は畑や墓地などの造成によりわかりにくくなっていますが、標高25m地点に中心的区域と見られる一辺が20〜30m、

Ⅲ──小倉南区　　111

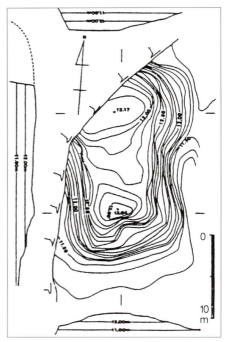

上：御座古墳群遠景。頂上部に前方後円墳の1号墳、そこから左へ斜降する丘陵上に3基の円墳がある
下：御座1号墳出土の三角縁獣文三神三獣鏡片（北九州市立自然史・歴史博物館蔵）

両岡様1号墳実測図。この古墳は後円部の墳丘が一部削られ、埋葬施設の石が断面に見えている。5、6世紀前半の前方後円墳に比べてくびれ部の締まりがなくなっていることから6世紀後半頃の築造と考えられる

高さ約5mの台地があり、その南側に堀の遺構と見られる深さ1～2mの掘り込みが残っています。

ここから少し離れた「府殿」という場所には貫氏代々の墓と伝わる宝篋印塔（ほうきょういんとう）と五輪塔が残っています。この付近にも、かつて貫氏の居館が建っていたのではないかと考えられています。

荘八幡神社のすぐ南西側の丘陵上に、前方後円墳1基、円墳3基からなる御座古墳群があります。西鉄の弥生ヶ丘ニュータウンのほぼ真ん中に中央グラウンドがあり、その横の小高い山が御座1号墳です。調査時に三角縁獣文帯三神三獣鏡の神様の台座部分の小片が出土しています。3世紀後半頃に築かれた前方後円墳です。

荘八幡神社の北側山裾部の水田の貫川寄りに、木の生い茂った小山があります。その中に全長27mの前方後円墳と円墳が1基ずつ築かれており、両岡様古墳群（もろおかさま）と呼ばれています。後円部と前方部の高さがほぼ同じであることや、くびれ部が締まっていないことから、6世紀後半頃に築造されたことがわかります。未調査のため副葬品についてはわかっていません。

左：削られた茶毘志山古墳後円部の断面を見学する人々（昭和46年）
右：現在の茶毘志山古墳後円部

6 曽根の在地豪族2代の墓

　北九州市内で豪族の墓（前方後円墳）があるのは曽根だけで、現在12基、現存するのは8基だけです。その中の在地豪族の墓といわれる茶毘志山古墳と上ん山古墳が曽根平野の中央にあります。

　茶毘志山古墳は全長55m、以前は「茶臼山」と呼ばれていました。昭和45（1970）年5月に採土工事のため前方部が削り取られ、後円部まで削り取ろうとした時に石の部屋の口が開きました。研究者が部屋の中を見たところ、真っ暗な中にひとつだけ鉄のよろいが光って見えたとのことです。この鉄のよろいは、短甲と呼ばれるものです。『日本書紀』雄略天皇18年に、伊勢の朝日郎を退治しに行った物部聞大斧手という豪族の墓が、この茶毘志山古墳だといわれています。その息子の墓が、すぐ東にある上ん山古墳（全長50m）であると思われます。物部聞は、規矩郡の「キク」に住んでいる豪族なので「聞」になったと考えられています。

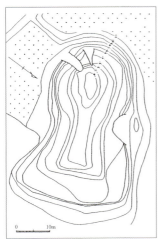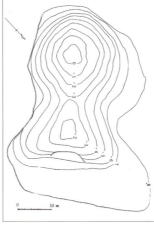

茶毘志山古墳（左）と上ん山古墳の実測図。茶毘志山古墳の前方部は後円部よりも大きく、5世紀代の特徴を有している。それに比べて上ん山古墳は前方部が小さく、6世紀前半頃の形態である

7 貫荘の繁栄とその痕跡

　貫地区には、その起源を中世に求めることができる古刹があり、当時の信仰の様子を今に伝えています。

　西専寺は現在浄土宗のお寺ですが、初めは禅宗であったといわれています。創立の経緯は不明ですが、応永21（1414）年に栄覚が中興したとあること、本尊である阿弥陀如来坐像が藤原様式を残す鎌倉時代初期の作とされていることから、本尊の贈与などがなければ鎌倉時代まで遡れる古刹です。なお、阿弥陀如来坐像は檜材の一木造で、昭和57（1982）年に市の有形文化財に指定されています。

　真光寺は、延応元（1239）年創立の古刹で、最盛期には36の子院を持っていましたが、大友氏の兵火に遭い、一時は廃寺となっていました。その後、小倉藩初代藩主・小笠原忠真によって再興され、企救郡内の祈願所となっていました。しかし、慶応2（1866）年の長州戦争で伽藍は焼失、その後小堂が再建されました。昭和初期には無住状態でしたが、最近若い僧侶の方が常駐し、護摩行を行うなど再興のため尽力されています。

　清浄寺は現在浄土真宗のお寺ですが、

左：西専寺本堂
下2点：真光寺。東九州自動車道建設に伴い境内の発掘調査が行われ、真言宗の数珠に用いる水晶の屑や板碑、一石五輪塔などが出土した。右の写真は発掘調査時（北九州市埋蔵文化財調査報告書第320集『真光寺墓地跡』〔北九州市芸術文化振興財団、2004年〕より）

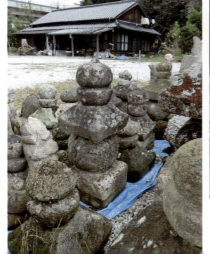

上：清浄寺／右2点：大日如来坐像と大日堂／下：中世の館跡（発掘調査時。北九州市埋蔵文化財調査報告書第321集『中貫ミカシキ遺跡』〔北九州市芸術文化振興財団埋蔵文化財調査室、2004年〕より）

初めは禅宗で、清照寺や法照寺ともいわれていました。慶長9（1604）年、毛利家の家臣・海野清勝が出家して、西本願寺派の末寺となったといわれています。

西専寺から南へ貫川を渡って左、東九州自動車道路脇の小山にある大日堂には、室町時代の作とされる大日如来坐像が祀られています。このお堂がある丘陵は、東九州自動車道建設に伴い主要部分は道路となっていますが、発掘調査の結果、中世の館跡であることが判明しました。

西専寺のほど近く、丘陵の先端を削平した場所に、貫山麓を一望し、一帯を見張るかのように薬師堂が建っています。薬師如来が祀られており、堂の脇には五輪塔の一部が残っています。二市一郡新四国霊場のひとつです。なお、二市一郡

薬師堂

新四国霊場とは、四国八十八カ所の地方版として企救郡に明治26（1893）年に開設されたものです。

貫山と棚田

8 貫山に残る祈りの風景

　貫山は標高712m、貫地区のシンボルとして「企救富士」とも呼ばれ、多くの市民に親しまれています。また、別名「芝津山」「禰疑山」とも呼ばれ、『日本書紀』などにも記載されており、古くから歴史の中に出ています。そのことを裏づけるように、山頂からは土師器などの土器片も採取されています。

　隣接する平尾台が石灰岩で形成されているのに対して、貫山は火成岩の一種である花崗岩で形成されており、石材として利用するために石を割り出した時の矢跡のある大石が各所に点在しています。また、土地の境界を示すために造られた境界塚が山中の尾根筋などに残っています。

　貫山山頂から北側に少し下った所に、芝津神社の上宮があります。石造りの大きな祠は江戸時代に津田手永（村）の寄進で、ここで造られたのでしょう。参道の石段に使われている花崗岩には、矢の跡がたくさん残っています。

　また、参道の脇には石材切り出しに使

貫山の尾根筋に残る境界塚

左：石材を切り出した跡／右：加工の途中で放置された石

宝篋印塔の相輪

上：芝津神社上宮
下：参道の石段。多くの矢跡が残る

われた大岩が、庇(ひさし)のように残っています。さらに、石段下の平坦地には、神仏混合の名残でしょうか、地蔵菩薩が祀られており、脇には宝篋印塔(ほうきょういんとう)の相輪と基礎石が残っています。

　貫山の3合目に芝津神社があります。城塞のように積まれた石垣の上に建ち、明治期の神仏分離までは貫山権現といわれていました。昔は、社坊や田地を保有しており、それらが「池坊」「高畑坊」「石坊」「正月田」などの地名として残っています。

左上：芝津神社の城のように立派な石垣
右上：芝津神社所蔵の梵鐘。ガラス越しに見学することができる

猿田彦神社。写真の社は撤去されてしまい、現在は基礎の石垣だけが残っている

境内に、願阿（がんあ）（小倉南区井手浦の西光寺に梵鐘を奉納した沙弥祖西（しゃみそさい）の祖父）が、正平20（1365）年に奉納した梵鐘があります。貫山中の社坊は、天正年間（1573～92）に大友氏の兵火によって消失しましたが、この梵鐘だけは残り、寛永年間（1624～44）に僧・栄尊が小倉領の修験所であった岳音寺（がくおんじ）を建立した時、この寺の軒先に吊るしたといわれています。梵鐘には鋳工の名は刻まれていませんが、竜頭（りゅうず）の作風から小倉鋳物師（いもじ）の作と推定されており、昭和34（1959）年に県の有形文化財に指定されています。

文久3（1863）年、小倉藩は海防強化のため関門海峡沿岸に台場を築くにあたり、各寺院の梵鐘を集めて鋳つぶし、大砲を造っています。当時の大庄屋・中村平左衛門の日記には、この鐘は銀代を納めて難を逃れたと記載されており、二度の戦火を逃れたことになります。

芝津神社の南側登山道脇を少し登った平坦地に、かつて猿田彦神社が祀られて

左：徳善院の石仏／上：徳善院境内の矢跡が残る岩

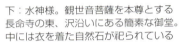

下：水神様。観世音菩薩を本尊とする長命寺の東、沢沿いにある簡素な御堂。中には衣を着た自然石が祀られている

上：山神社／下：観音堂。二市一郡新四国霊場の第8番の札所となっている

いました。由緒は不明ですが、ここも貫山権現の社坊のひとつだったのでしょうか。ただ、村の高齢化と人口減によるものでしょうか、最近になって社は撤去されてしまいました。

　芝津神社から少し下った木立の中に、二市一郡新四国霊場の第21番札所となっている徳善院があります。しかしお堂などの建物はなく、岩上に石仏が祀られているだけです。ここも、貫山権現の社坊のひとつだったのでしょうか。境内の自然岩には水盤が彫られています。また、石割のために穿たれた矢の跡が残る岩もありますが、途中で断念したのでしょうか、未切り出しのまま残っています。

　下畑地区には山神社が祀られています。この地区には、二市一郡新四国霊場の札所が二カ所あり、また水神様が二カ所で祀られており、信仰を大切にしてきた村の原風景を見ることができます。

9 北方に点在する旧陸軍遺構

日本では日清戦争の勝利後、南下政策を推し進めるロシア帝国への警戒感から、獲得した賠償金による軍備の強化が叫ばれました。これに伴い、陸軍は明治31（1898）年、小倉城内に第12師団を創設。また小倉城下の南、紫川の中流に位置する用地を買収して兵営を造営。ここに歩兵第47連隊などを創隊し駐屯したことから、現在に至る北方の外郭が形成され始めたのです。現在の小倉南区中心部としての公共集積は、軍営地だったことによる機能集積と広大な転用地の獲得が可能だったことによるといえるでしょう。

現在の国立病院機構小倉医療センターは、かつて「小倉陸軍病院」と呼ばれていました。明治8年、歩兵第14連隊の営所に隣接して小倉城内三の丸に小倉営所病院（明治21年、小倉衛戍病院に改称）として開設されましたが、明治32年、北方兵営の整備が進み、この地へ新築移転しました。衛戍病院とは「武器を持って守るための病院」の意で、要するに軍病院のことです。

福岡県立北九州高校西隣の公園敷地内に「輜重兵第十二大隊跡」の碑が建っています。旧日本陸軍の「輜重兵」は、兵站戦略・補給計画を立て、その輸送を指揮・監督することが任務とされ、輸送そのものに従事することはありませんでした。

陸上自衛隊小倉駐屯地内には、歩兵第47連隊将校集会所が現存しています。第12師団隷下の歩兵第47連隊の将校のための集会所です。陸軍とともに発展して

左：国立病院機構小倉医療センター／右：小倉医療センター内駐車場入口付近にひっそりと立つ小倉衛戍病院跡碑

歩兵第47連隊将校集会所。見学は要予約（陸上自衛隊小倉駐屯地史料館☎093-962-7681）

左：工兵第12大隊演習隧道／右：輜重兵第12大隊跡碑。昭和49年に有志によって建てられたもの

きた北方界隈の歴史を色濃く残す建物です。大正末期、いわゆる「宇垣軍縮」によって歩兵第47連隊が大分に移駐すると、代わりに小倉城内から歩兵第14連隊が移駐してきました。その後、敗戦後の米軍接収時代を経て、陸上自衛隊小倉駐屯地となって今に至ります。

　企救中学校裏の住宅街のど真ん中に、鉱滓煉瓦積みの隧道が残っています。隧道上部に「工兵第十二大隊」と刻印されていることから、北方兵営に常備駐屯（衛戍）していた工兵第12大隊の何らかの演習施設だと思われます。部隊の歴史及び隧道の形状から、明治末〜大正期の建築だろうと推察されています。写真の通り、現在は地域住民のゴミ集積所として活用されています。

白髭神社の麓の鳥居と本殿

10 農村風景が色濃く残る街

　JR九州日田彦山線・石田駅周辺は、かつては農村でしたが、道路拡幅や新設に伴い市街化が進行している地区で、『企救郡誌』によると、海に近き所としての「磯田」が「石田」の由来となっています。石田の北側、旧蜷田村の由来も、船着場の湊の「と」が「た」に転じて「みなた」になり、蜷田の文字を用いるようになったと同書に書かれています。石田地区の標高が5～6mと低く、周防灘の海水が竹馬川を遡ってこの付近まで来ていたことを物語っています。太古は曽根から竹馬川に沿った津田、長野、横代地区は入海で、その西の端が石田となります。

　この入海を見下ろす、守恒丘陵の標高21m地点に鎮座するのが蜷田若園の白髭神社です。本社の由緒書きによれば、猿田彦大神が天鈿女命とともに天鳥船に乗って自分たちが安まる宮殿を探し求め、「この丘は朝日の直射す、夕日の日照らす丘なり」と現在神社の建つ丘にしばらく休息した、といいます。また、この地には大宰府に下向する菅原道真も立ち寄ったといわれており、ここが古くからの信仰の対象となる重要な地であったことが窺えます。

　この神社から、都市高速の下を抜け拡幅された道路を進むと、左手の丘に六所大神社が奉られている鎮守の森があります。境内には、明治時代に小倉を本部とした新興宗教「蓮門教」の教祖・島村光津が師の柳田市兵衛の13回忌を記念して明治22（1889）年に建立した巨大な蓮門妙法塔があります。もともとは、小倉北区堺町にあった蓮門教本殿敷地内に建てられていました。

　神社横の旧道から東側丘陵は畑地で、さらに東側のJR日田彦山線までの間は田圃もある農村風景が維持されています。

六社大神社(左)と綿津見神社。両社は高台に位置し、石田地区全体を見下ろしている。この両社では古くから「石田楽」が奉納されている(下の写真。北九州市教育委員会提供)。石田楽は雨乞い祈願の太鼓踊りで、申し立て・杖・笛・鉦・うちわ・太鼓で構成される。現在、踊りの奉納は不定期となっている

農業が主産業であった時代の農家住宅は、最大の収入源であった田圃の中ではなく、水田耕作が困難な丘陵裾から上にかけて建てられていました。従って神社も同様な立地環境下にあることが、この地区では鮮明に見て感じることができます。

六社大神社から旧道を南下すると石田駅前通りに面して末應寺(まつおう)があります。末應寺は天文17(1548)年に創立された浄土真宗の寺院で、境内に五輪塔や宝篋印塔(ほうきょういんとう)が祀られています。寺から大通りを渡り、狭い旧道に入ると、丘陵裾に綿津見神社(わたつみ)が鎮座しています。境内には、西側の新興住宅地となっている守恒、企救丘一帯が山であった頃、その峰々に祀られていた神社が集められ、祀られています。

上:綿津見神社境内に集められた諸神社
左:末應寺

Ⅲ──小倉南区

11 70mにわたり連なる謎の塚

　志井地区の東端、堀越の小高い丘に、県指定有形民俗文化財となっている塚があります。現在12基が残っていますが、1基は道路拡幅によって消滅しており、もともと13基の塚があったことから「堀越の十三塚」と呼ばれています。南北約70mの間に、高さ35～111cmの盛土が一列に並んでいます。

　中央の塚には「堀越太郎義長之墓」と刻まれた石碑があり、戦国時代に毛利勢によって滅ぼされた堀越城主と12人の部下の墓と伝えられています。その他、怨霊慰撫、死者供養、境界指標、鎮護祈念、仏教の十三仏信仰によるものなど諸説があり、詳しいことはまだわかっていません。

　北九州霊園の裏手にある椎山には、椎山城（志井山城・古川城）がありました。標高221mの山頂に主郭が築かれ、北側に延びる尾根筋に堀切、曲輪群が築かれていました。また、主郭から東南と南西及び北東に延びる3つの尾根にも曲輪群が築かれています。南北約1km、東西500mの椎山全体が城郭となっており、福岡県内でも随一の規模です。

　明治初期に作られた『企救郡古城址取調簿』には、長野豊前守種盛が築き、応永年中（1394～1428）には、長野兵部少輔義富の第4子・左兵衛佐義衝が城主であったが、応永6年2月、大内盛見によって攻め落とされたとあります。また、城の姫たちは麓の馬つなぎ石に馬をつなぎ、縁台に乗り換えて城に入ったといわれています。このため、その場所は「姫下ろし」と呼ばれています。

　長野豊前守種盛ゆかりの神社が多賀八幡神社です。元慶6（882）年、近江国の多賀神をこの地に勧請したのが始まりとされています。その後、長野豊前守種盛が椎山に城を構えてから長くこの地の鎮守とするため、椎山の頂きに祀っていましたが、応永年間に麓に社を移したといいます。境内には寛政12（1800）年建立の鳥居や文化14（1817）年建立の猿田彦大神などがあり、歴史を感じさせます。

　県道257号から志井の森公園へ進む道が分かれる三差路の志井駅側には、公園ができる

堀越の十三塚

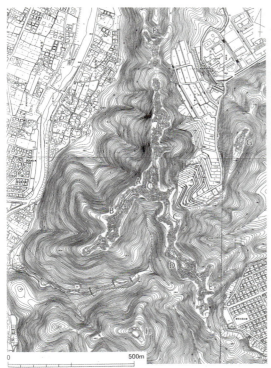

椎山城縄張図。山全体に堀切、曲輪などの遺構が大きく広がっている

（右上から）椎山城の峠の切通し／「姫下ろし」の馬つなぎ石／多賀八幡神社／志井鉱山開発碑

前にあった志井鉱山の記念碑があります。昭和34（1959）年8月に八幡化学工業が石灰石の鉱業権を取得し、清新産業が採掘と輸送を行っていました。しかし、搬出で使用する道路が狭隘であったため、県の許可を得て徳力から志井までの5kmにわたって用地買収と道路拡幅を行い県へ寄付し、そして国道322号線に接続させるため新高美橋を建設するなど、大規模な輸送路の整備が行われました。しかし、昭和41年、採掘総量160万トンをも

石灰窯の内部（左）と焚き口

って廃止となり、これらのことを後世に伝えるため、昭和52年6月に記念碑が建立されました。

この記念碑近くの井の谷池横の山裾斜面に、大規模な石灰窯が残されています。農業生産に化学肥料が多用され始める昭和30年代まで、この地で産する石灰石を焼いて生石灰などを作っていたとのことです。ここでは、無煙炭をベースに石灰石と石炭を交互に積み上げ焼いていたといわれています。

また、窯の上段南側に隣接して石灰岩の採石場があり、ここで採石した石灰岩を窯の上部から投げ込んでいたようです。

石灰窯の下から中央部に向かって赤煉瓦で組まれたトンネル状の焚き口が残っています。

冒頭で「堀越の十三塚」を紹介しましたが、茶屋のバス停から南東、東谷川の支流・茶屋川に接する田んぼの中にも、長さ20mほどの塚があります。地元の方の話では、昔ここで即身成仏した僧侶を祀るため塚を築いたと伝えられているそうです。現在は、五輪塔の一部と宝篋（ほうきょう）印塔（いんとう）の笠石が祀られています。なお、当初は円形の塚であったのが、川の流れにより南側が削られ現状の楕円形になったと考えられます。

茶屋バス停近くの田んぼの中にある塚と、そこに祀られている五輪塔の一部と宝篋印塔の笠石

Column 「志井」の由来となった4つの井戸

　志井の地名は4つの井戸、「四井」に由来するといわれており、実際に今も4つの井戸が残っています。

　写真1の井戸は、多賀八幡神社から北側の谷を下りた所にあります。多賀八幡神社の神様へお供えする新米を洗い清めるための清水を汲んでいる井戸です。現在も清水が滾々と湧いています。

　写真2の井戸は、県道井手浦徳力線の横にあります。井戸枠が花崗岩の板石で整備されおり、現在でも清水が湧いています。

　写真3の井戸は、中志井のバス停から南西の集落の山際にあります。人頭大の石で囲いがされているだけで、井戸というより湧き水と言った方がふさわしいかもしれません。現在でも清水が湧いています。井戸から山際に少し入った所に小さな祠があり、その傍らに、石灰岩製の宝篋印塔の笠石が保存されています。

　写真3の井戸から南へ約500m下った所に井の谷池があり、そのほとりに写真4の井戸があります。数年前まで隣接する民家の方が使用されていましたが、その後、井戸枠を新しく整備したとのことです。この井戸の水は井の谷池の水源ともなっています。

写真3の井戸の近くにある祠。宝篋印塔の笠石が保管されている

安徳天皇御陵のお堂と堂内の碑、五輪塔

12 谷あいに祀られた安徳天皇の御陵

　モノレールの終点・企救丘駅から東側に見える標高133mの小山の麓、九州自動車道を抜けた谷の奥に安徳天皇陵があります。平家一門は、文治元（1185）年の壇ノ浦の合戦で敗れた時、安徳天皇は二位尼に抱かれ入水したと偽り、安住の地を求めこの地に辿り着きました。しかし、この地で天皇が亡くなったため、火葬して墓を建てたといわれています。お堂の中に、安徳天皇御陵と記された石碑と4基の五輪塔が祀られています。

　なお、安徳天皇の陵墓は全国に数十カ所の伝承地があり、現在は下関市の赤間神宮にある墓が安徳天皇阿彌陀寺陵とされています。

　この安徳天皇陵は、薬師如来を本尊とする隠徳庵の境内にあります。隠徳庵は由緒によると、この地に隠れ住み亡くなった安徳天皇を祀ったことが始まりとされています。本尊の薬師如来は安徳天皇の守本尊で、亡くなった時に巻物一巻、御太刀一腰、鏡一面があったといわれています。なお、この薬師如来は60年に一度と、長野護念寺住職の代替わりの時にしか御開帳されません。隠徳庵は現在、二市一郡新四国霊場の第74番札所になっています。また、毎年12月15日には、源氏の追っ手が迫った時、里人が藁の中に安徳天皇をかくまい、やり過ごすことができたという伝説にちなんで「しびきせ祭り」が行われています。

　岳の観音トンネルの北側に、地元で「三笠山」と呼ばれる標高211mの山があ

隠徳庵

右：丸ヶ口城跡遠景
下左：丸ヶ口城の堀切跡
下右：丸ヶ口城西山麓にある城主の墓

ります。ここにはかつて丸ヶ口城（別称：福相寺城、隠蓑城）があり、現在も山頂を中心に城の遺構が残っています。この城から東九州自動車道を挟んで南に約1km離れた場所には堀越城があり、南東に約1km離れた場所には豊前長野城があります。丸ヶ口城の築城時期は不明ですが、長野氏の城であったと伝わります。また、福相寺城の別称は、かつてこの付近に護聖寺の末寺・福相寺が存在したことによります。

登山口付近には二市一郡新四国霊場第66番札所の丸ヶ口観音堂が建っています。

また、丸ヶ口城の城域には、岳の観音堂があります。現在、境内には赤瓦の小さなお堂と、「文政七年申四月」の文字が刻まれた灯籠が建っています。昔、この場所には三笠山観音堂と呼ばれるお堂があったそうですが、由緒や廃寺の時期などの詳細はわかっていません。麓の集会所には、「明治27〜28年の日清戦争での戦没者の慰霊のため丸ヶ口城の一角にお堂を建立、観音像を祀った」との由来が掲げられているそうです。

岳の観音堂

Ⅲ──小倉南区　129

左：長野城の畝状空堀群。山の斜面に竪堀と土塁を交互に配置した防御遺構
右：長野城の二の郭付近の堀

13 国内最大規模の畝状空堀群 —— 長野城

　豊前長野城は長野緑地公園の南の山陵上（東九州自動車道の長野トンネルの上、標高237m）にある山城です。築城の時期はわかっていませんが、平安時代後期からこの地域を所領としていた長野氏により築城されたといわれています。長野氏の勢力は室町時代に田川郡、京都郡まで広がりましたが、やがて大内氏や大友氏に従属し、豊臣秀吉の九州進攻で降伏しました。山麓には長野氏ゆかりの寺社があるほか、古墳など古代の遺跡も点在しています。

　長野城には、連続する竪堀や横堀から構成される防御遺構・畝状空堀群が250本近くあります。これは敵の侵入を防ぐために造られたものですが、その数は単独の城郭では他に事例がありません。

　軍事的に豊前国の重要な場所に位置していたため、この地域は戦国時代にたびたび合戦の舞台となっています（永禄8〔1565〕年、豊後の大友氏による攻撃「長野御成敗」、永禄11年、毛利氏による攻撃「長野退治」）。現在私たちが見ることができる長野城の遺構は、永禄12年以後、天正14〔1586〕年の豊臣秀吉による九州平定戦までの間に、長野氏に代わりこの地を勢力下に置いていた高橋鑑種・元種が改修・使用したものと考えられています（永禄8年頃、大友氏による攻撃を防御するために長野氏が造成したという説もあります）。

　長野城跡のある丘陵から北東側に派生した舌状丘陵先端部に臼山古墳があります。臼の形をしていることから臼山と呼ばれるようになりました。3世紀中頃の前方後円墳で全長39m、初期ヤマト政権とつながりを持つ豪族の墓です。未調査のため副葬品はわかりませんが、ひょっとするとたくさんの鏡が出土するかもしれません。

　長野氏の菩提寺である護念寺は、平安時代の末期、保元2（1157）年に創建されました。その境内西端で2基の箱式石棺が見つかり、上長野石棺群と呼ばれ

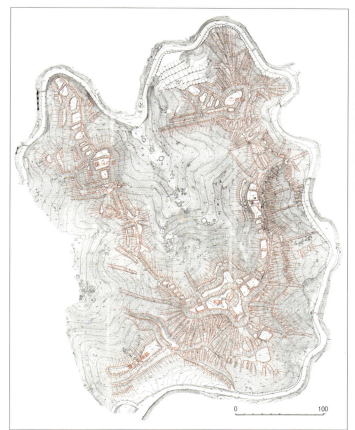

左:長野城縄張図長野城縄張図(北九州市文化財調査報告書第89集『長野城』〔北九州市教育委員会、2000年〕より)。日本最大級の数の畝状空堀群が張り巡らされている
左下:臼山古墳実測図。古墳時代早期の西暦230〜50年頃の前方後円墳。後円部は正円形ではなく歪で、前方部が小さく低い特徴を持ち、纒向型前方後円墳と呼ばれる

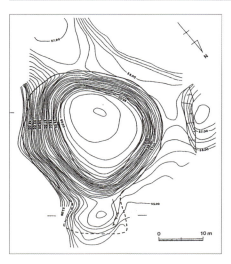

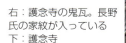

右:護念寺の鬼瓦。長野氏の家紋が入っている
下:護念寺

左：上長野石棺群の1号石棺
上：1号石棺出土の土器（護念寺蔵）

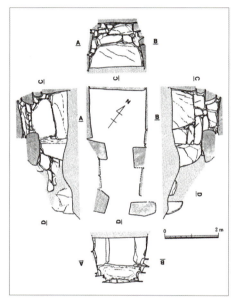
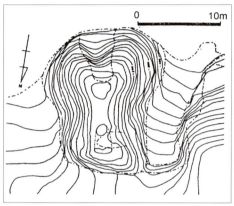

上：観音寺古墳実測図。九州で最小の前方後円墳といわれている
左：下長野1号墳の石室。玄室平面構成が方形気味で、奥壁の石積みは3段になっており、新しい傾向が見られる石室である

ています。土師器の壺や鉢が出土し、護念寺に保管されています。4世紀前半頃に埋葬されたものと考えられています。

　ここから長野川を少し下った北岸丘陵の竹ヤブの中に下長野古墳群があります。現在2基が残っていますが、以前は5～6基あったといわれています。複室の横穴式石室で、この付近では最も大きい石室であり、6世紀後半～末頃のものと思われます。副葬品はありませんでした。

　下長野古墳群のすぐ近くに玄福寺があります。玄福寺はもともと津田村にあり、天台宗で長野氏の祈願所でしたが、室町時代の文明年間（1469～87）頃に衰退しました。その後、江戸時代になって現在地に移転し、浄土真宗本願寺派の寺院になりました。

　この玄福寺の裏山には観音寺古墳があります。全長20mの小型の前方後円墳です。発掘調査が行われていないため詳細はわかっていませんが、前方部と後円部の高さが同じであることや、くびれ部が

Column

長野角屋敷遺跡出土の木簡

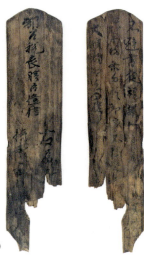

　護念寺近くの長野角屋敷遺跡から、奈良時代末期～平安時代初め頃の木簡が出土しています。昔は紙が貴重品であったため、このような板に文字を書きました。

　その内容は、企救郡の大領（長官）である物部臣が、企救郡家の管理者である膳臣澄信（かしわでのおみすみのぶ）を呼び出すための召喚状です。表面に宛先があり、裏面には、十日間（もしくは十日の日に）宿直（勤務）せず、正倉（米などを貯えておく倉庫）で不祥事が生じたため、明け方に遅れることなく企救郡家まで出向くように、と書かれています。

（北九州市教育委員会蔵）

上：玄福寺／右：若宮八幡神社

ほとんど締まらないことから、古墳時代後期の6世紀後半頃の築造と考えられています。

　玄福寺の東南側に若宮八幡神社が鎮座しています。平安時代の安和元（968）年に神功皇后、応神天皇、仁徳天皇を勧請（かん じょう）（神様の来臨を願うこと）し、祀ったのが始まりとされています。長野氏が宇佐宮領の長野荘の地頭職（じとう）であったことから、宇佐八幡宮から勧請された末社のひとつと考えられます。もともとこの地は周囲が竹馬川の湿地で、ここだけが独立した丘となっていたため、弥生～古墳時代の箱式石棺が見つかっています。

　ここから東へ約600mの津田八幡神社の境内からも箱式石棺が見つかっており、弥生時代終末～古墳時代前半にかけての各村々の人たちの墓だと思われます。

砥石山天疫神社

14 神社の参道脇に露出した古代の石室

　昔、北方の篠崎山下に蛇渕という所があり、そこに蛇神が住んでいました。ある時、神気にさわる人がおり、たちまち病を生じて死んでしまったそうです。その病をコロリ病と呼びました。そこで村人たちが集まり、須佐之男命（疫神）を呼び込みました。須佐之男命は新しく神剣を打ち、蛇渕源流の水を汲み、社内の岩石でこの神剣を磨いて奉納したことから、この地を砥石山と呼ぶようになったと伝えられています。

　この砥石山天疫神社の参道横には、6世紀初頭の横穴式石室（羽子板式石室）と呼ばれる石室が見えます。その他、境内には6世紀代の円墳の盛土が5、6基ほどあります。

　砥石山天疫神社が鎮座する丘陵の南側裾部に小さなお堂があり、そこには平尾台の石灰岩で作られた宝篋印塔の笠石が置かれています。宝篋印塔とは中世の墓石で、上から相輪、笠、塔身、基礎の4石から組み立てられています。この笠石の隅飾の突起が外方に立ち上がっていることから、平安後期〜鎌倉時代頃のものと考えられます。おそらく、この辺りを治めていた豪族のお墓ではないでしょうか。

左上・左下：砥石山天疫神社境内北側と南側に
ある円墳の盛土
右：参道脇に露出している横穴式石室の一部

右：砥石山天疫神社の南側にあるお堂。
薬師如来が祀られている
左下：宝篋印塔の笠石
右下：地蔵堂に並ぶ地蔵たち

大興善寺の本堂(左)と山門

15 大興善寺から蒲生八幡神社へ

　鷲峯山大興善寺は、寛元3(1245)年、北条時頼の命により佐野源左衛門尉常世が建立しました。奈良西大寺の僧・叡尊を開山の祖とし、宗派は律宗でしたが、慶長年間(1596〜1615)に現在の曹洞宗に改宗しています。北条家ゆかりの寺として繁栄しましたが、天正年間(1573〜92)、大友氏による兵火で伽藍や寺宝はことごとく焼失しました。しかし、観音像と釈迦像、金剛力士像2軀はそれを免れました。

　寛文11(1671)年、藩主小笠原家の支援を受け、伽藍をはじめ仏殿・方丈・山門・弁天堂・舎利殿が再建されました。幕末の長州の兵火など、3度の火災から逃れた仏像4軀は福岡県指定有形文化財に、山門・舎利殿は北九州市指定有形文化財となっています。なお、門外にあった紫池は道路拡幅のため消滅しました。

　さて、ここからは4軀の仏像について紹介します。木造如意輪観音坐像は暦応3(1340)年に制作された一面六臂の寄木造の像で、長門国(山口県)の厚東氏より講堂の本尊として寄進されました。寛文11年に修理され、胎内に足利義輝の釣帖1巻、仏頭内に袋に入った香合があり、仏舎利5個を蔵していることがわかりました。目は玉眼で彩色が施されています。一切衆生の願望を満たし、苦を救うといわれています。

　木造釈迦如来立像は高さ187cmで、清涼寺式の釈迦像です。胎内の背面に墨書銘があり、元亀4(1573)年、この地方を支配していた高橋三河守鑑種の命により京都の仏師が修理したことがわかっています。また、背面外側には小笠原忠真の側室・永貞院が、寛文11年の忠真の忌日に再修理した墨書銘があります。

　木造金剛力士像は山門に安置されている寄木造の像です。阿形は口を大きく開

上左：木造如意輪観音坐像／上右：木造釈迦如来立像（いずれも見学不可）

木造金剛力士像

き、左手に金剛杵(こんごうしょ)を持ち、肩上に振り上げています。実相の門を開いて真如の理に通達することを表しています。肉身部は胡粉地(ごふんじ)の上に紅殻、衣には緑青(ろくしょう)を塗り雲文(うんぎょう)を描いています。吽形は口をしっかりと閉じ、右胸横で手の平を大きく開いています。悪趣の門を閉じて罪悪を遮る意を表しています。顔は黄土、肉身は朱具(しゅぐ)、衣は胡粉地に緑青を塗り、墨で文様を描いています。2軀ともに鎌倉時代後期の作で、昭和46（1971）年に解体修理が行われています。

大興善寺の背後には標高136mの鷲峰山があり、その山頂に昭和41年3月に建

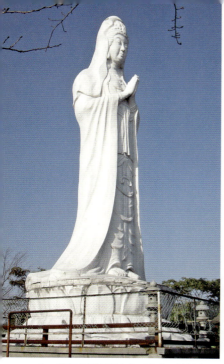

左：鷲峰山平和観音像／右上：鷲峰山の軍用道路跡／右下：高射砲陣地の水槽

立された高さ17mの平和観音像があります。この像は、戦争中の空襲で亡くなった市民の霊を慰めようと地元有志が計画し、田川郡添田町の彫刻家・小森紫虹（しこう）の設計で当時の金額約700万円をかけて完成させたもので、建設時は西日本一の大きさでした。この小森紫虹は門司区白野江（しらのえ）の清虚上人（せいきょ）像も制作しています。

なお、山頂への道路は戦時中に高射砲陣地を築くために造られた軍用道路で、八八式7cm野戦高射砲が6門設置されていました。現在、高射砲はなくなっていますが、水槽、塹壕などの遺構が山頂周辺に残っています。

また、登山道路入口脇で、明治39（1906）年に山芋掘りをしていた地元の人たちによって銅製の経筒（きょうづつ）が発見され

ています。この経筒は永久6（1118）年、規矩郡平等寺の僧・良禅によって埋納されたもので、現在は東京国立博物館に所蔵されています。

大興善寺から南へ続く丘陵地に、大興善寺を創建した佐野源左衛門尉常世と、それを命じた北条時頼を祀った五輪塔などがあります。この五輪塔は市内最大級の大きさです。

丘陵をさらに南へ行くと丸橋静子の句碑があります。丸橋静子は、明治43年生まれで昭和4年に杉田久女（ひさじょ）の門下に入り、高浜虚子の指導を受け、昭和34年「ホトトギス」の同人となりました。また、俳句の指導をする一方、小倉で家庭裁判所の調停委員なども務めました。碑には、「梅さむし人散らはりて又よりて」と刻

上左：佐野常世、北条時頼を祀る五輪塔。右の碑には最明寺殿と刻まれている（北条時頼は出家後、最明寺入道と号した）
上右：丸橋静子の句碑

右：『大日本名所図録福岡県之部』（明治31年）に描かれた蒲生八幡神社
右下：蒲生八幡神社

まれています。

　丘陵裾をさらに南へ進むと、蒲生八幡神社の大鳥居が見えてきます。宗像三女神が蒲生村の虹山に天降り、永くこの地を護らんと告げられたので、里人たちが虹山に社を祀ったのが始まりとされています。また、平家が文治元（1185）年に壇ノ浦に戦いに敗れた時、歴代天皇が継承してきた三種の神器が海中に没したことから、規矩郡高浜浦の岩松興三は蒲生八幡神社に祈願し、海底から神器を回収して源頼朝に献じ、その褒美で新たな社殿を建立しました。その後、天正年間に大友の兵によって社殿が焼かれましたが、岩松興三の子孫である弥三郎兵衛が高浜浦に社を建て、高浜八幡と称しました。その後、慶長年間に細川忠興が小倉城を大改築する時、高浜が城郭内に入るため、社殿を蒲生村中島山に移し、名称を蒲生八幡に戻しました。

土塀が残る趣きのある町並み

16 市内屈指の歴史的町並み

　虹山の麓、蒲生4丁目は北九州市内で随一の歴史と景観が調和した町並みを現在に伝えています。町の入口には猿田彦が祀られ、虹山城を背景に、町の中心に虹山城主が祀ったと伝わる巣山天満宮が鎮まっています。町の入口から巣山天満宮に向かって真っ直ぐに延びる天神道を歩くと、道の両脇には区画の大きな家が並び、土塀や竹垣で区画されています。また、民家の庭には五輪塔が今も大切に祀られています。

　現在、菅原道真を祀っている巣山天満宮ですが、巣山は虹山の別称であり、近くにある蒲生八幡神社は平成29（2017）年に世界文化遺産となった宗像の三女神が巣山の峰に天降ったのが始まりとされています。この巣山を中心に神社や城が造られ、その麓に中世集落が形成され現在に至っていると思われます。

　なお、最近は集落の西側に大きな道路が整備されたため、町並みも大きく変化しつつあります。

　集落の背後の虹山城は二神山城とも呼ばれます。標高121mの虹山の山頂に帯

巣山天満宮

左上：町の入口に立つ鳥居
右上：五輪塔
左：虹山遠景

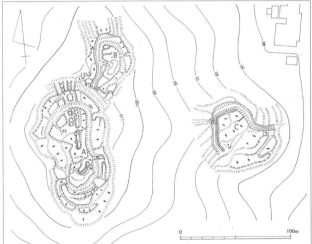

虹山城縄張図。専教寺の裏山で、主郭（左）の周りを帯曲輪が巡り、北側には竪堀が３本掘られている

（上から）虹山城の帯曲輪、堀切、横堀

曲輪（曲輪の外周などを囲むように造られた細長い区画）や竪堀などの山城の遺構が残っています。また山頂から東に約50m下った辺りにも、横堀と見られる城の遺構が残ります。

元弘年間（1331～34）から天文年間（1532～55）まで規矩氏が城主であったとされ、また佐野源右衛門が城主であった弘治2（1556）年に、豊後の大友勢により攻め落とされたと伝わります。

西大野八幡神社の鳥居と拝殿

17 神社に掲げられた飛行機のプロペラ

　西大野八幡神社に参拝すると、拝殿の梁に黒いプロペラが飾られていることに気づきます。これは大正14（1925）年、日本で初めて訪欧飛行に成功した「東風号（こちかぜ）」のものです。東風号は無線やレーダーのない時代、地図とコンパスだけを頼りに日本からローマを目指す大飛行を達成しました。プロペラは、この地区出身の朝日新聞の飛行士で、東風号の操縦士であった河内一彦より寄進されたものです。

　また明和2（1765）年に七ヶ村（山本、高津尾（おうま）、合馬（かぐま）、田代、春吉、道原、頂吉（かぐめよし））の氏子が奉納した銅製鰐口（わにぐち）は、市の有形文化財に指定されています。

　西大野八幡神社の背後の山には宮山城（稗畑山城（ひえはたやま）、宮尾城）がありました。長野豊前守種盛が築城したと伝えられ、標

左：西大野八幡神社所蔵の銅製鰐口（北九州市教育委員会提供）
右：拝殿の梁に掲げられた飛行機のプロペラ

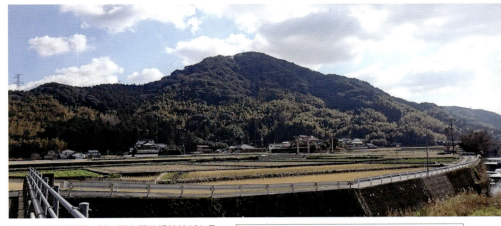

上：宮山城跡遠景。麓に西大野八幡神社がある
下：宮山城の堀切
右：宮山城縄張図。南北に延びる山頂の北端と南西端にはそれぞれ長大な堀切を設け、その内側に主郭や曲輪を築き、西側には5本の畝状空堀群を構築している

　標高233ｍの頂上を中心に曲輪、堀、畝状空堀群などの遺構が残っています。宮山城は永禄11（1568）年、長野城・三岳城攻防戦の時、毛利氏により攻め落とされました。

　西大野八幡神社の西にある西方寺は永禄5（1562）年に建立されたお寺で、天文3（1534）年に円徳が開基との説があります。本堂向拝部の柱の基礎石に、宝篋印塔（お墓や供養塔などに使用される塔。石造のものが多い）の返花座のある基礎部が使用されています。本堂正面に向かって右の柱の基礎石には「應永」の文字が刻まれています。応永年間（1394〜1428）の宝篋印塔の一部だとすると、北九州市内で最古級のものと思われます。

左：西方寺外観
上：西方寺本堂向拝部の柱の基礎石

鏡池大明神。下の写真が鏡池

　西方寺の北に鏡池大明神があります。瓊瓊杵尊(ににぎのみこと)が禊(みそ)ぎをしようと、持っていた鏡を1本の杉の木にかけたところ、その下から泉が湧き出しました。その泉の底に沈んだ鏡が光りを放ち、辺り一帯を照らして邪気を追い払ったといいます。里の人たちは、その泉の上に社を建て、天照大御神を祀ったと伝わります。昭和初期まで、この水で仕込んだ造り酒屋があったそうです。

左：粉ひき地蔵とドルメン
上：スサノウの古墳

18 横たわる巨岩の正体とは

　長行東2丁目の県道沿いに、地元で「粉仏様」(粉ひき地蔵)と呼ばれる4体の地蔵が祀られています。この地蔵は虚空(一切の事物を包容する)のように広大無辺で衆生の諸願を成就させるという虚空蔵菩薩で、米や麦の粉を供えると咳や喉の痛みが治まるといわれています。

　その祠の前に扁平な巨岩があり、「泣き石」と呼ばれていました。江戸時代の初め頃、小倉城築城の際に石垣を築くためにこの大岩を差し出しましたが、蒲生の里まで来た時に大岩が動かなくなりました。さらに、村人たちは熱が出たり、腰が抜けたりし、その上夜になると大岩が泣くため、ついには森へ帰ることを許されたと言い伝えられています。

　実はこの岩は「ドルメン」で、今から1700年ほど前、古墳時代初頭の豪族の墓(箱式石棺)の蓋石です。ドルメンとは朝鮮半島の弥生時代前期(今から2700年前頃)の支石墓のことで、埋葬地を囲うように基礎の支石を敷き、その上に巨大な石を載せたものをいいます。

　また、この長行には6～7世紀の古墳が数多くあります。祇園神社に円墳が6基、道路を挟んでファミリーマートがある場所に以前3基の古墳がありました。その南にスサノウの古墳、そして長尾小学校の裏山の八旗神社には3基の円墳が今も残っています。そのうちの1基から金銅製の双龍環頭大刀柄頭や、朝鮮半島から持ち帰った土器が出土しています。これらの古墳に埋葬された人たちは、朝鮮に出兵した兵士だったと考えられます。

八旗神社古墳群出土の金銅製刀装具
(北九州市立自然史・歴史博物館蔵)

小三岳城・大三岳城・吉川城遠望

19 谷を挟んで対峙する長野と毛利の城

　北九州随一の梅の名所・三岳梅林公園の北西に位置する標高414mの大三岳。その山頂には大三岳城がありました。長野豊前守種盛が築城し、応永年間から永禄年間まで長野氏の城であったと伝わります。永禄11（1568）年に毛利氏の攻撃により落城。以後、小三岳城とともに廃城となりました。現在、山の中に残る曲輪や3mもの深さの堀などの遺構は、永禄11年、毛利氏の攻撃に備えるために長野氏が造ったものと考えられています。また、麓からの攻撃に対して水攻めに使ったといわれる堤が残っています。

　小三岳城は、標高309mの小三岳山頂を中心に遺構が残ります。堀切や階段状の曲輪や短い長さの畝状空堀群などが

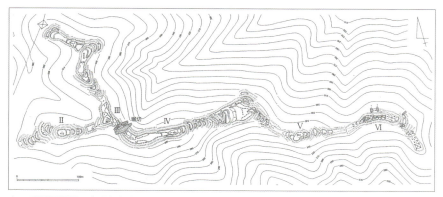

大三岳城縄張図。山頂を起点として東西に長く延びる全長約900mの尾根上に遺構が広がっている

大三岳城の堀切（左）と堤

左上：小三岳城縄張図。城の北東と南側斜面に、短い畝状空堀群を確認することができる／右上：小三岳城の堀切／下：吉川城縄張図。豊前と筑前の国境の稜線上に全長約1kmにわたって遺構がある

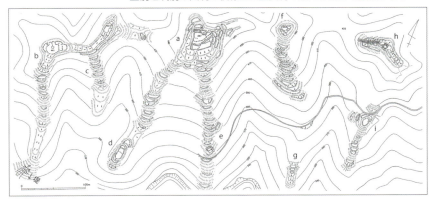

確認できます。

　大三岳城から谷を挟んで北側には、吉川城（小早川城、益田陣）がありました。標高447mの山頂を中心に、周辺の山の尾根上など広範囲にわたり曲輪などの遺構が展開しています。その中には堀切などの防御遺構が見られないことから、兵を駐屯させるために造られたもの、つまり毛利氏が、永禄11年の長野氏との合戦時に、大三岳城・小三岳城と対峙するために築いた陣城であったと考えられています。

20 護聖寺とバチ笠地蔵

　護聖寺は、三岳城主の長野三郎左衛門尉が応永23(1416)年、豊後国国東の泉福寺の僧・璋山融珪を招いて創建し、長野氏の菩提寺とした、と伝えられています。境内には五輪塔群や、文豪・森鷗外と親交のあったことで知られる32世住職・玉水俊虠のお墓があります。

　鷗外の『小倉日記』には、俊虠との交流が記されています。また、彼は護聖寺の前は安国寺の住職を務めており、『二人の友』には「安国寺さん」、『獨身』には俊虠をモデルとした「寧国寺さん」が登場するなど、2人の親交の深さを窺い知ることができます。俊虠は松本清張の小説『或る小倉日記伝』にも登場することから、お寺を訪れる文学ファンが多いそうです。

　護聖寺の裏手に豊前坊(豊日神社)があります。護聖寺を開いた璋山和尚が禅室に籠もっていた時、神人が現れて法を

(左上から時計回りに) 護聖寺本堂、玉水俊虠の墓、五輪塔群、豊前坊(豊日神社)

護聖寺山門のそばに立つバチ笠地蔵。
今は立派な屋根がかけられている

筆立地蔵

聞くので、「あなたはどなたですか」と尋ねると「彦山の豊前坊」と答えたので、社を建て豊前坊社と名づけたと伝えられます。神仏混合の名残を留める社です。

この護聖寺の山門のそばに「バチ笠地蔵」と呼ばれる六地蔵が立っており、次のような話が伝わっています。昔、この辺りに信心深い作造じいさま夫婦が住んでいました。ある年の暮れ、作造じいさまが自作のバチ笠を城下に売りに行こうと歩いていると、護聖寺山門の下の六地蔵が頭や肩に雪を積もらせている姿を目にしました。不憫に思った作造じいさまは、城下へ売りに行くつもりだったバチ笠をお地蔵さまにかけてあげました。大晦日の夜、作造じいさま夫婦が囲炉裏を囲んでいると、裏口の戸が突然開き、バチ笠をかぶったお地蔵さまが米俵、塩魚、酒樽などを次々と運び込み、無言で去っていきました。作造じいさま夫婦はそのごちそうで、良い正月を迎えることができました。

バチ笠地蔵の近くには筆立地蔵があり、「安永六年正月吉日三岳村弥七」と刻まれています。護聖寺で寺子屋が開かれていた頃、そこに通う子供たちを見守る「子育て地蔵」として建てられたとの説がありますが、詳細は不明です。また護聖寺が女人禁制であった頃、この付近に記帳所が設けられていたそうです。

櫨ヶ峠や木下城跡を望む（小倉南区新道寺の国道322号線沿いより）

21 昭和初期の隧道と中世の城館跡

　櫨ヶ峠隧道は昭和6（1931）年に完成した、石原町と道原を結ぶ全長約280mのトンネルです。地元の方の話によると、戦時中は弾薬庫として使用されたそうです。

　このトンネルの上には近年発見された、中世の城館群が広範囲にわたり残っています。堀切や竪堀などの敵の侵入を防ぐための防御遺構があまり見られないことから、軍を一時的に駐屯させることが目的で造られた城ではないかとされています。また、この場所から南に位置する場所に木下城（別称・西ノ城、西ノ奥城）があるため、この城は木下城と密接に関係したものではないかとも考えられています。

　その木下城は標高289mの場所に位置する城で、近年の調査によると、ここから北に約2kmの場所に永禄11（1568）年、毛利氏と長野氏の合戦（長野退治）で戦場となった宮山城があることから、この合戦に関連したものではないかと考えられています。また、木下城の東の麓に「小野田屋敷跡」と呼ばれる城館跡があることから、小野田氏と関係のあるお城ではないかとの説もあります。

　櫨ヶ峠の山道を走っているとうっかり見落としてしまうような場所に、小さな鳥居がひっそりと建っています。大山津見神を祀る大山祇神社です。鳥居をくぐり先へと進むと石祠があり、側面には「明治三十六年一月」の文字が刻まれています（足場が狭いため石祠に近寄るには注意が必要です）。

　浄土真宗本願寺派の法圓寺は、天正元（1573）年の開基と伝わります。以前は

左：櫃ヶ峠隧道
上：櫃ヶ峠隧道の上に残る堀跡

木下城の堀切

大山祇神社の石祠と鳥居

新道寺丸山にありましたが、明治24 (1891) 年に現在の場所に移転しました。

このお寺には県指定有形文化財の梵鐘が保管されています。明治10年、京都の新長谷寺にあった梵鐘を門徒が購入し、法圓寺に寄進しました。この時、原銘を消して寄進者名を追刻したため、原銘の全文を判読することができなくなっていましたが、その後の調査で、この梵鐘は南北朝時代の永徳元 (1381) 年に造られ、当初は大分県国東半島の田原別府の盛福寺にあったものと判明しました。

また、山門そばには文豪・森鷗外の書による「山家先生之碑」が建っています。山家先生とは中谷高等小学校（現在の新道寺小学校）設立に功績のあった山家徳象です。この石碑の隣には徳象の父で旧東谷村の村長であった山家秋太郎の顕彰碑が建っています。

西鉄バスの木下バス停から東側の日田彦山線を渡った集落内の椋の木には次のような伝説があります。昔、木下村で火事があった時、たまたま通りかかったお坊さんが椋の木の下で祈禱したところ、

小野田屋敷跡

下：法圓寺
右上：森鷗外揮毫の「山家先生之碑」
右下：法圓寺所蔵の梵鐘（見学は要事前連絡）

雨が降り出し、火が鎮まりました。以降、木下村で火災が起きなくなったことから、椋の木は村の鎮守の神として祀られるようになりました。現在も、毎年2月、7月、12月にこの木の下で行う神事と、その日の夜にくじ引きで決まったお座元の家に集まりお酒を飲む「椋の木のお通夜」が続いているそうです。

　JR日田彦山線の石原町駅は、大正4（1915）年、小倉鉄道の石原町駅として開業しましたが、昭和18（1943）年5月、国有化により駅名の読みを「いしはらまち」に変更しました。駅舎は、外装の塗り替えなど改装や増築が行われているものの開業当時からの駅舎で、市内では門司港駅に次いで2番目に古いものです。その面影は、待合室天井の意匠や換気孔に見ることができます。また、この駅は三菱マテリアル東谷鉱山で採れた石灰石を専用線で積み出す九州最大の石灰石発送駅でしたが、国道バイパス完成によりトラック輸送に切り替えられ、専用線貨物列車は廃止されました。

　石原町駅前から北西への道路を進み、

木下の椋の木。根元には小さな祠（上）が祀られている

石原町駅。上は待合室天井の意匠

旧香春街道の里程標

　旧道（国道322号線）に出ると、右側に石原町のバス停があります。その横に郵便ポストとともに、江戸時代に建てられた里程標があります。この道路は旧香春街道で、道標には「従是小倉迄弐里弐拾五町」「従是大里迄参里弐拾五町」「従是呼野迄壹里十四町」と刻まれています。里程標は昭和30年代に倒れ4つに割れてしまい、そのまま保管されていましたが、平成12（2000）年にほぼ元の場所に修理・建立されました。なお、頭部の「従是」は倒れた時に紛失しています。

井手浦の棚田

22 井手浦のヤマタノオロチ伝説

上：高住神社／下：尻振り祭

　平尾台の麓の井手浦には美しい棚田があります。夏は青草の稲の香りに包まれ、稲刈りを終えた秋には彼岸花が棚田の縁を彩ります。平尾台からの石灰分を多く含む水で育てられた米は美味しく、昔は小倉小笠原藩主の御用米専用の田であったと伝わります。

　井手浦の高住神社は、英彦山豊前坊高住神社から勧請されたものといわれています。この神社には、「尻振り祭」という奇祭が伝わります。地元の伝承では「スサノオノミコトが八俣の大蛇を退治した時、大蛇の尻尾が井手浦に飛んできて跳ね、この年は大豊作に恵まれた」といい、そこから豊作祈願の祭りが始まったとされています。八俣の大蛇を模した、藁で作られた長さ４ｍほどの大蛇の前で、

左：西円寺山門
上：山門脇に立つ六地蔵

右：塔ヶ峰より小倉市街地を望む
下：塔ヶ峰遠望（中央）

宮司と井手浦尻振り祭保存会の会員の3名が、大蛇の尻尾に見立てた矢を尻にあてがい左右に3回尻を振ります。大きく尻を振るほど、その年は豊作になるとのことです。現在は毎年1月8日に井手浦公民館の前で行われていますが、古くは高住神社境内で執り行われていたそうです。

高住神社のすぐ近くに西円寺があります。長野氏の菩提寺である護念寺の記録には「護念寺末　法照山西圓寺　開基不詳　中興　僧阿弥　末堂　四堂あり」と記されています。また、このお寺は二市一郡新四国霊場の第78番札所となっており、山門脇には六地蔵が建っています。

平野台の峰続きの塔ヶ峰には塔ヶ峰城がありました。天正年間（1573〜92）に長野氏がこの山に城を築いたところ、敵の大友勢に見つかり攻撃され、落城したと伝わる城です。しかし、近年発表された中世城館の調査によると、残存遺構や城の範囲が把握できないとのことです。

23 新旧4本のトンネルが貫く金辺峠

　金辺峠は、小倉と秋月を結ぶ香春街道の要所の地であり、もともとは「木辺」と書かれていました。その後「金辺」と変わったものの、読み方は昔のままで「きべ」と読まれています。この峠は旧企救郡と田川郡の境にあったことから、北側の山裾には江戸時代の郡境石が残っています。

　細川家が藩主だった頃、呼野地区では金が採掘されており、金辺峠には金の観音像が安置され、茶屋の伝七おじいさんが管理を任されていました。その後、細川氏は熊本に移封され、観音像も一緒に熊本に移されました。するとその夜から、細川家の殿様と伝七おじいさんの両方の夢枕に観音様が立ち、「きべへ返してくれ」と言うので、困り果てた殿様は同じ姿の観音様を木彫りで造らせ、金辺に返したと伝えられています。この伝説が、木辺から金辺に変わった由来ともいわれ、伝説の舞台になった観音堂が今も峠に残っています。

　金辺峠は幕末、激戦の舞台ともなりました。慶応2（1866）年の長州戦争において小倉藩の総大将となった筆頭家老の島村志津摩は、この峠を最後の砦として戦い、田川郡を戦禍から守りました。明治19年、志津摩の人徳を慕って顕彰碑が峠に建立されています。

　大正6（1917）年、峠の約10m下に赤煉瓦造の金邊隧道が完成しました。昭和42（1967）年には新金辺トンネルが開通、その後の交通量の増大により、平成元（1989）年に第2金辺トンネルが

左：島村志津摩の顕彰碑／上：峠の湧き水。道路脇の石囲いされた窪みに湧き水が溜まっており、馬の飲み水などに使用されたと思われる

左：島村志津摩顕彰碑の向かい側の斜面に立つ群境石。「従是北企救郡」「従是南田川郡」と刻まれている／上：金辺観音堂。いつ頃のものかは不明だが、現在も観音像が祀られている

下：新金辺トンネル／右：金邊隧道

　開通し現在に至っています。旧道の金邊隧道は現在、不法投棄などを防止するため、金網で閉鎖されています。これら3本の他に、JR日田彦山線の金辺トンネルも峠を貫いています。

　そのJR金辺トンネルの呼野側入口のすぐ近くに吉原鉱山碑が建っています。呼野地区は、江戸時代の初め、藩主・細川氏によって金山開発が行われ、最盛期には「呼野千軒」といわれるほど多くの鉱山関係者が住んでいました。明治以降は民間による鉱山開発が盛んになり、吉原以外に宝基、大道、大神、白石などの鉱山がありました。吉原鉱山碑は、鉱山の隆盛を後世に伝えるものとして大正4年7月に建立されました。碑文には、発見者の妹尾卯一と鉱長の岩津清三郎の名が刻まれています。また、書は当時臨時朝鮮派遣隊司令官であった陸軍少将・白水淡によるものです。

上：稼働時の吉原鉱山（昭和33年頃。『日本磁力選鉱三十年史』〔日本磁力選鉱株式会社、1981年〕より）／下左：吉原鉱山碑／下右：吉原鉱山の坑口跡

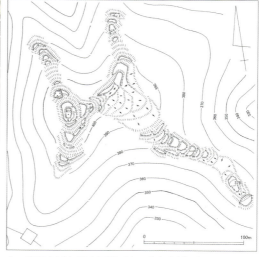

　金辺峠の西、標高408mの茶臼山には茶臼山城がありました。山頂に築かれた主郭には帯曲輪が巡っています。この城の南約1kmにある新城と一体になって、小倉から田川への要所である金辺峠を押さえる目的で築かれたと考えられます。

左：茶臼山城主郭の切岸／右：茶臼山城の縄張図。南と北へ延びる尾根に、階段上に小曲輪群が構築されている

Column

呼野駅の加速線跡

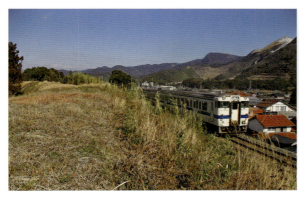

上：金辺トンネル
左：呼野駅の加速線跡（左の小高い部分）

　金辺峠は、JR九州日田彦山線の呼野駅と採銅所（さいどうしょ）駅（香春町）の間に位置します。明治30（1897）年、金辺トンネルの建設工事が始まり、難工事の末、大正3（1914）年に竣工しました。そして、翌大正4年に東小倉駅〜上添田駅間が開通しました。呼野駅はこの時、小倉鉄道株式会社の駅として開業、昭和18（1943）年5月の国有化により国鉄の駅となりました。

　呼野駅は標高92m、金辺トンネルは標高120mの位置にあり、その間は17‰（パーミル）の急坂です。そのため呼野駅に停車した蒸気機関車は、一旦後退して加速線に入って約500m下がった後、十分な加速をつけて本線に入り、急な登り勾配を駆け上っていました。しかし、昭和58年に馬力のあるディーゼル機関車に替わったため、加速線は廃止となりました。現在、加速線は当時の姿を今に残し、生い茂った草木の中にレールが埋もれています。

　また、呼野駅から金辺トンネルの間には、複線の断面を持つ赤煉瓦造の丸山トンネル（全長110m）や、鉄道建設により寸断される水路と道路を維持するために建設された赤煉瓦造の水路跨線橋があります。

上：丸山トンネル
右：日田彦山線の上に架かる水路跨線橋。写真左側が道路、右側が水路で、現在も利用されている

道原貯水池。中央に見えるのは取水塔

24 道原貯水池とます渕ダム

　紫川を遡ると小倉南区高津尾付近で谷が3つに分かれ、行政区域も西谷・中谷・東谷村と分かれていました。西鉄バスの中谷営業所からます渕ダムへつながる谷が中谷で、途中の道路脇に春吉公民館があります。そこから西側の集落を望むと、山裾に市の保存樹に指定されている杉の大木が見えます。その神木の下に、国守(くにもり)神社があります。

　この神社はもともと宮山の山頂に鎮座していて、長野氏がここに城を築いた後も城内の鎮守として祀られていましたが、享禄年間(1528～32)に兵火に遭い、城は破棄され社殿も荒廃してしまいました。これを嘆いた里人が、現在地へ社を遷したといわれています。境内には、五輪塔や宝篋印塔(ほうきょういんとう)、古手の石祠、寛政12(1800)年寄進の鳥居などがあり、中世集落の面影を偲ぶことができます。

　水田地帯を川沿いに歩くと、左側に眼

国守神社拝殿と五輪塔、宝篋印塔

左：道原貯水池の階段状水路。水の流速を弱めることと曝気による水質浄化を目的として造られた
右：眼鏡橋。長さ20.5m、幅3.6mで、玢岩や輝緑凝灰岩など紫川の川原石が使われている

鏡橋が架かっています。大正8（1919）年に完成した石造二連のアーチ橋です。この橋ができる前は岩の上に板切れを渡しただけの簡素な橋がありましたが、大正6年に子守をしていた女の子が橋から転落して亡くなったことから、二度と悲劇を繰り返さないため恒久的な橋を地元で建設することになりました。しかし、第1次世界大戦後のインフレのため建設費がかさみ、大変苦労したそうです。この橋は平成4（1992）年3月、農村における庶民生活の一端を知る貴重な文化遺産として北九州市の史跡に指定されています。

さらに上流を目指すと道原で道は2つに分かれ、菅生の滝方面にしばらく進むと土堰堤の道原貯水池と道原浄水場が見えてきます。明治43（1910）年、旧小倉市が清瀧川と細川の合流地点で貯水池築造工事に着手し、大正2年5月より給水を開始しました。道原浄水場は、小倉市最初の浄水場で、浄水方法は緩速ろ過方式となっており、現在でも1日7800㎥の水を小倉南区に給水しています。なお、場所の選定及び設計は、佐世保鎮守府の吉村長策建築科長によるとされ、給水箇所に歩兵連隊の駐屯地などもあったことから、建設にあたっては陸軍省からの補助金を受けています。平成20年、道原貯水池は経済産業省の近代化産業遺産の認定を受けました。

再び道原まで戻り、南へ2kmほど行けばます渕ダムです。このダムは昭和42（1967）年に北部九州を襲った干ばつをきっかけに建設されました。洪水調節、かんがい用水、上水道用水の確保を目的

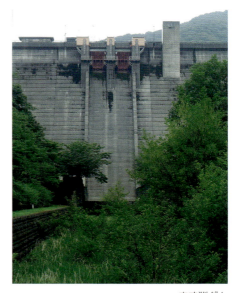

ます渕ダム

Ⅲ──小倉南区

左：建設中の福智貯水池（明治45年5月。門司市編『門司水道記念写真帖』〔1912年〕より）／右：旧福智貯水池（奥の矢印の所）

に、以前からあった福智貯水池と頂吉（かぐめよし）ダムをつなぐ形で造られた三日月形のダムです。昭和43年に着工、昭和48年3月に竣工しました。ダム周辺には遊歩道やサイクリングコースが設けられています。中央堰堤より左方向に旧頂吉ダム、赤い吊り橋より右方向には旧福智貯水池があります。

明治22年、門司は石炭など5品目の特別輸出港に指定され、同24年には九州鉄道が開通し、筑豊炭田の石炭積出港としてめざましく発展していました。しかし、常にコレラやペストなどの伝染病の脅威にさらされていたことから、水道布設の調査が行われるとともに検疫所や避病院などが設置されました。明治35年には、明治天皇が陸軍大演習統監のため西下する途中、門司港に立ち寄る予定でしたが、コレラ発生により隣の柳ヶ浦村（現在の大里（だいり））に上陸されました。その後、水源は二転三転の結果、紫川の上流福智渓に決定し、明治41年、水道布設に着手しました。当初は明治45年4月に給水開始の予定でしたが、明治44年11月10日の明治天皇来訪が伝えられたため、工事を急ぎ11月4日に一部の給水を開始しました。その時完成したのが福智貯水池で、煉瓦製の導水トンネルの上に、コンクリートではなく土で堰堤を築き、貯水量は76万㎥でした。門司市の水道は、長崎・佐世保についで九州で3番目の水道でした。

さらに約30年後、町の合併など急激な発展に伴い、福智の東側、満干川（みちひ）に門司市3番目の貯水池として昭和15年3月、頂吉ダムが竣工しました。福智・頂吉・ます渕と3度のダム建設により、頂吉村の大半は湖底に沈みました。

なお、ます渕ダム正面の堰堤下にある鱒渕公園の西側、道路を挟んだ一段高い所に「犬飼兵庫亮碑」があります。180cmほどの自然石で、犬飼兵庫亮とは犬飼兵庫知寛のことです。兵庫は小倉藩の筆頭家老で藩財政を立て直した功労者でしたが、政争に破れ頂吉の牢に幽閉され、享和3（1803）年にその生涯を閉じました。明治42年、福智貯水池建設により牢は湖底に沈み、以後けが人や病人が続出したことから、祟りを恐れた工事関係者や住民が建立した追悼碑です。

ます渕ダムの北西の標高439mの高畑

犬飼兵庫亮碑

　山山頂を中心に曲輪などの城の遺構が残っており、高畑山城（別称・高畑城）と呼ばれています。堀切などの防御遺構が見られないことから臨時的な駐屯地として利用されたのではないかと考えられています。

　また、高畑山城から北西に約1.5km離れた場所には赤松城（別称・赤松ヶ鼻城、赤松ヶ畑城）がありました。標高538mの城山山頂に城郭遺構である曲輪と深さ7〜8m、幅約10m、全長約50mの大きな堀切が残っています。企救郡から筑前へと抜ける峠道を意識して築城されたものと考えられています。

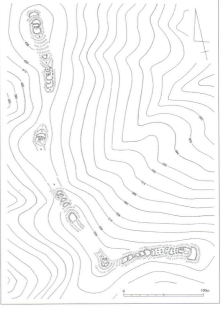

（右上から）高畑山城の切岸／高畑山城縄張図。南北に延びる尾根の高所に小曲輪が構築されている／赤松城縄張図。山頂に平面がほぼ三角形の主郭が築かれ、西側に堀切がある／下：赤松城の堀切と土塁

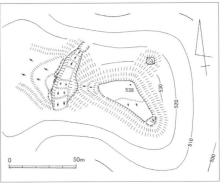

茶ヶ床

25 日本有数のカルスト台地・平尾台

　平尾台は標高300m〜700mに位置し、東西約2km、南北約6kmにわたるカルスト台地です。台地上には、羊群原と呼ばれている大小様々な石灰岩が並ぶ他、すり鉢状のドリーネも各所にあり、また地下には千仏鍾乳洞をはじめ多数の洞窟が存在しています。

　縄文時代から古墳時代の遺跡も数多くあります。中世に入ると、英彦山修験道の行場として利用され、江戸時代には現在の集落が形成されていました。そして明治には軍用地になりますが、戦後は払い下げが行われるとともに入植が進みました。その後、自動車道路が整備され、北九州市を代表する観光名所となっています。

　平尾台の中心に、福岡県と北九州市が平成12（2000）年に開設した平尾台自然観察センターがあります。この施設では、平尾台の成り立ちや平尾台に生息する動植物について、実物やパネルなどで一目で分かるように展示しています。

　センター前の駐車場付近には、童話作家・阿南哲朗の歌碑や平尾台開拓記念碑があります。第2次世界大戦後の食糧不足に対処するため、昭和22（1947）年より陸軍演習場用地が海外からの引揚者や戦災者に払い下げられ、55世帯が開拓者として入植しましたが、開拓の苦労は想像を絶するもので下山する人が相次ぎました。残った開拓者37人によって、これら開拓の苦労を回顧する記念碑が建立されました。

　駐車場から北東、北九州子どもの村小学校横から山神社（東大野神社）の方へ歩くと、集落の入口に大きな木が見えてきます。その木の脇に、天保5（1834）年に建立された猿田彦大神が大切に祀ら

左：平尾台自然観察センター
右：センター前の駐車場付近に
建つ平尾台開拓記念碑

下：広谷湿原
右：大きな木の脇に
祀られた猿田彦大神

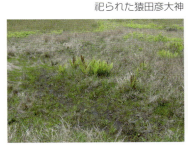

れています。

　駐車場に戻り、千仏鍾乳洞方面に歩を進めると、牡鹿(おじか)鍾乳洞があります。この鍾乳洞は昭和37年、日本ケイビング協会によって発見され、観光洞になっているため気軽に散策できます。洞口は約30mの竪穴で、洞窟内からはこれまでニホンカワウソ、ムカシニホンジカ、ナウマンゾウなどの動物化石が発見されています。

　さらに進むと見晴台の分岐点があり、北に進むと目白鍾乳洞や羊群原を一望できる茶ヶ床(ちゃがとこ)に着きます。茶ヶ床の名称は、昭和24年7月、三笠宮崇仁親王(みかさのみやたかひと)がここでお茶を飲んだことに由来しています。また、昭和27年12月27日に天然記念物の指定を受けたことを示す石碑が建っています。

　さらに道なりに進むと、福岡県内唯一の湿原である広谷湿原へ抜ける中峠に出ます。峠から北側の登山道を登ると標高619mの四方台を経て貫山、南側の登山道を登ると標高606mの周防(すおう)台、パラグライダーの発着地となっている桶ヶ辻(おけがつじ)に辿り着きます。尾根筋には、平尾台の歴史を物語る陸軍の境界石、北九州市の境界石、そして天然記念物の境界石が建っています。

　見晴台の分岐点に戻り千仏鍾乳洞方面へ行くと、途中にかがり火盆地があります。平尾台では縄文時代から古墳時代までの遺跡が12カ所確認されていますが、かがり火盆地もその1つで、弥生式土器

左：千仏鍾乳洞
下左：陸軍、北九州市、天然記念物の境界石
下右：野焼きの様子。野焼きは草原の火災予防や害虫駆除、そして春の新芽を促すために行われる

や石鏃（やじり）が発見されています。また、明治末から大正にかけて、この一帯は小倉衛戍諸隊（えいじゅ）の戦闘射撃場用地として買収され、この盆地でも射撃訓練が行われていました。

盆地を越え下った所が平尾台を代表する千仏鍾乳洞で、入口から900mまでが観光洞となっています。また、洞内は、一部地下河川となっているため、入場口で無料レンタルのゴム草履に履き替えて見学するという全国的にも珍しい鍾乳洞です。この鍾乳洞は、大正10（1921）年、椿市村（つばきいち）（現行橋市）の村長であった大石高平が、一切の公務から退き、5年の歳月をかけて私財で洞を開き整備を行いました。そして昭和10年、国の天然記念物に指定されています。千仏の名は、行橋市の叡山願光寺の末寺・千仏院が近くにあったことに由来しています。

「平尾台自然の郷」は、北九州市が石灰岩採掘場と昭和42年に開園した遊園地「マルワランド」の跡地を整備して、平成15年4月20日に開園した市民参加型の公園です。公園の規模は23haと広大で、園内には芝生広場、展望台、野草園、果樹園、キャンプ草のほか、そば打ちや陶芸などの体験ができる工房やレストランがあり、一日のびのび、ゆったりと自然を満喫できます。また、毎年春に行われる壮大な野焼きは、この公園内からしか一望することはできません。

参考文献一覧

『港と歩んだ70年　市制60周年』門司市、1959年
『門司市水道史』門司市水道局、1963年
『西谷　その歴史と民俗』小倉郷土会、1965年
北九州市文化財調査報告書第2集『藍島』北九州市教育委員会、1968年
廣崎篤夫『北九州の城』1969年
北九州市文化財調査報告書第7集『平尾台御花畑遺跡』北九州市教育委員会、1971年
北九州市文化財調査報告書第10集『頂吉』北九州市教育委員会、1972年
北九州市文化財調査報告書第13集『カルスト台地平尾台の植生とフロラ　平尾台植物調査報告書』北九州市教育委員会、1973年
『門司市史』（復刻版）、名著出版、1974年
『小倉市誌』名著出版、1975年
出口隆『九州鐵道小誌　赤れんがで築かれた鉄道の話』1976年
『復刻 企救郡誌』防長史料出版社、1977年
北九州市文化財調査報告書第28集『貝島古墳群』北九州市教育委員会、1978年
沢村敏雄『北九州市神社誌』北九州史跡同好会、1979年
今村元市編『写真集 明治大正昭和 小倉 ふるさとの想い出』国書刊行会、1979年
九州縦貫自動車道関係埋蔵文化財調査報告『福岡県中世山城跡』福岡県教育委員会、1979年
中村穣徳『藍島資料』藍島類似公民館、1980年
『門司郷土叢書』国書刊行会、1981年
北九州市文化財調査報告書第40集『天然記念物平尾台保存管理計画策定報告書』北九州市教育委員会、1982年
『愛宕遺跡Ⅰ』北九州市教育文化事業団埋蔵文化財調査室、1985年
『北九州の史跡探訪』北九州史跡同好会、1986年
『北九州市史　近代・現代・教育文化』北九州市、1986年
『北九州市史　近代・現代・行政社会』北九州市、1987年
『北九州を歩く』海鳥社、1987年
村田修三編『図説 中世城郭事典』新人物往来社、1987年
『わが郷土朽網』朽網郷土史会、1987年
『北九州市史　民俗』北九州市、1989年
『北九州市の建築』北九州市、1989年
『北九州市史　近世』北九州市、1990年
『北九州市の文化財』北九州市教育委員会、1990年
『北九州市史　古代・中世』北九州市、1992年
『北九州市の文化財ガイド　古墳編』北九州市教育委員会、1992年
『北九州思い出写真館』北九州市住まい・生活展実行委員会、北九州都市協会、1993年
福岡県教育委員会編『福岡県の近代化遺産』西日本文化協会、1993年
廣崎篤夫『福岡県の城』海鳥社、1995年
『足立山麓文化資源基礎調査報告書』北九州市、1996年
北九州市埋蔵文化財調査報告書第200集『大畠遺跡』北九州市教育文化事業団埋蔵文化財調査室、1997年
『小倉城下町調査報告書』北九州市、1997年
『三谷むかし語り』むかし話をする会、1997年
『小倉西地区歴史調査報告書』北九州市、1998年
北九州市文化財調査報告書第89集『長野城』北九州市教育委員会、2000年
八木田謙『門司・小倉の古城史』今井書店、2001年
足立山麓文化村編『足立山麓の史跡を探る』せいうん、2004年
北九州市埋蔵文化財調査報告書第319集『宗林寺墓地跡』北九州市芸術文化振興財団、2004年
『門司の歴史』門司区役所、2004年
八木田謙『北九州戦国史余話　毛利元就と門司城』今井書店、2006年
北九州地域史研究会編『北九州の近代化遺産』弦書房、2006年
『城下町小倉の歴史』長崎街道小倉城下町の会、2006年
福岡県文化財調査報告書第254集『福岡県の中近世城館跡Ⅲ　豊前地域編』福岡県教育委員会、2016年

■執筆者一覧

前薗廣幸	田邉睦美	尾﨑徹也	是則宗興
小川　巌	垣松三千人	宇野愼敏	市原猛志
寺下良真	山崎祐子	福山あゆみ	

「特定非営利活動法人北九州市の文化財を守る会」会員募集中

　北九州市の文化財を守る会は、昭和46年1月、「文化財愛護のため市民運動の新しい原点となる」ことを目指して会員150名で発足しました。

　本会では発足以来、文化財に関する保存・保護を活動の根幹として、調査研究、会報発行、歴史講演会・バスハイクなどを行ってきました。この間、「東田第一高炉（1901）の保存」、「堀川周辺の環境改善」、「旧安川邸（洋館）の保存」などの要請及び要望を福岡県や北九州市に行い、平成7年には東田第一高炉の保存運動について産業考古学会から功労者表彰を受賞しています。

　また、文化庁は平成23年に文化遺産を未来に生かすため、特定非営利活動法人などによる文化財の管理・活用の方向性を示しました。本会は平成29年3月に「特定非営利活動法人」の認証を受け法人登録を行い、平成31年4月から北九州市指定文化財の旧百三十銀行ギャラリーの管理を行っています。

　私たちと一緒に街を探求し、北九州市の魅力を発信しませんか。

　［事務局］　住所　北九州市小倉北区鍛冶町1丁目7番2号　森鷗外旧居内
　　　　　　　電話・FAX　093(531)1604
　　　　　　　会費　個人　3,000円／年
　　　　　　　　　　団体　4,000円／年

北九州歴史散歩［豊前編］
門司・小倉北・小倉南区の58エリア

2019年5月20日　第1刷発行

編　者　特定非営利活動法人 北九州市の文化財を守る会

発行者　杉本雅子

発行所　有限会社 海鳥社
　　　　〒812-0023　福岡市博多区奈良屋町13番4号
　　　　電話092(272)0120　FAX092(272)0121
　　　　http://www.kaichosha-f.co.jp

印刷・製本　シナノ書籍印刷 株式会社

ISBN978-4-86656-050-2　［定価は表紙カバーに表示］